刊行にあたって

横浜市立市民病院
病院長 石原 淳

現在、日本は世界一の長寿国です。

2017年の平均寿命は男性が81.09歳、女性が87.26歳、男女合計では84.2歳となり、50年余りで15歳以上も伸びています。一方、健康に問題がなく自立した日常生活を送れるとされる「健康寿命」は、男性72.14歳、女性74.79歳で、やはり世界でも一、二を誇っています。日本の長寿の要因として医療制度の充実や医療水準の向上、食生活が挙げられますが、近年の食習慣は果たして今後の健康寿命の伸長をもたらすでしょうか？

横浜市立市民病院は、現病院の老朽化・狭あい化を解消するために2020年に新病院に移転しますが、新病院のコンセプトを「安心とつながりの拠点」とし、高度急性期病院としての機能をより一層高めて地域包括ケアを支えると共に、公立病院の使命として疾病予防の啓蒙・発信にも努めています。

このような経緯で、「食」についても病院と地域の皆様と共同でできることはないかと考えている時に、平野資晴医師から横浜の食のプロと当院の医師・栄養士が共同で、健康的でおいしく、また目で楽しめるレシピを考え、ホームページに公開したいとの提案がありました。早速チャレンジすることとし、2010年から生活習慣病の予防・啓発の一環として横浜の企業および店舗の皆様のご協力をいただき、健康をテーマとする料理教室を企画・開催してきました。また、入院中の患者様に本物の優しい味のスープを提供できれば、自分の口で食べることの喜びを感じていただけるのではないかという思いで、シェフのご指導を仰ぎながら職員が試行錯誤を繰り返し、「スープ・ドゥ・レギューム」と名付けたスープを完成させました。現在、術後の患者様などに提供し好評をいただいています。

職員の発想から始まったこの活動は、幸いこれまで多くの方の賛同とご協力をいただきました。特に、「天吉」および「横浜ガストロノミ協議会」の皆様をはじめ、横浜の「食」に携わる方々の多大なるご指導・ご協力をいただきました。この場を借りて厚く御礼申し上げます。また、企画からホームページの作成まで熱意をもって取り組んでくれた関係職員にも感謝します。

このたび、より多くの皆様に、横浜を代表する食のプロと横浜市立市民病院の医師・栄養士が共同で考えた健康レシピを紹介し、家庭でも参考にしていただきたいと考え、これまでの取り組みを一冊の本にまとめました。料理のレシピや調理のポイント、栄養のアドバイスはもちろんですが、シェフの「食」に対する思いが書かれているコラムもぜひお読みいただければと思います。

この本が皆様の健康を考える上での一助になれば幸いです。

ごあいさつ 1

刊行にあたって /横浜市立市民病院 病院長　石原 淳

01 てんぷら 天吉 5

小玉ねぎとしめじの煮物 /料理長　金井 誠二 …… 6
海老と季節野菜の天ぷら /専務　原 広也 …… 8
シェフのひとこと /店主　原 茂男 …… 12
栄養士のちょっとひといき その1 …… 13

02 仏蘭西料亭 横濱元町 霧笛楼 14

鶏むね肉の赤ワイン煮 季節の温野菜をたっぷり添えて /料理長　高田 裕康 …… 15
シェフのひとこと /取締役総料理長　今平 茂 …… 18
栄養士のちょっとひといき その2 …… 19

03 崎陽軒 本店 20

豚肉(はまぽーく)と春キャベツの中華風みそ炒め /総料理長　阿部 義昭 …… 21
シェフのひとこと /総料理長　阿部 義昭 …… 24
栄養士のちょっとひといき その3 …… 25

04 レストラン ストラスヴァリウス 26

タコと夏野菜のラタトゥイユ /オーナーシェフ　小山 英勝 …… 27
シェフのひとこと /オーナーシェフ　小山 英勝 …… 30
栄養士のちょっとひといき その4 …… 31

05 日本料理 梅林 32

豚肉とわけぎの酢みそあえ /店主　山下 英児 …… 33
ホタテ大根飯 /店主　山下 英児 …… 36
焼きなすの赤出汁椀 /店主　山下 英児 …… 38
シェフのひとこと /店主　山下 英児 …… 39
栄養士のちょっとひといき その5 …… 40

06 リストランテ アッティモ 41

手打ちパスタに挑戦！ / 料理長　新井 大介 …… 42
いろいろなお肉のトマト煮込み / 料理長　新井 大介 …… 45
シェフのひとこと /オーナー　福山 哲郎・料理長　新井 大介 …… 48
栄養士のちょっとひといき その6 …… 49

07 ウィンドジャマー 50

いろいろな野菜のピクルス /料理長　福士 誠 …… 51
シェフのひとこと /料理長　福士 誠 …… 56
栄養士のちょっとひといき その7 …… 57

08 ホテルモントレ横浜　日本料理 随縁亭　58

トウモロコシと新ショウガの炊き込みご飯 /料理長　松﨑 英司 …… 59
スズキの塩焼きの夏野菜掛け /料理長　松﨑 英司 …… 61
シェフのひとこと /元総料理長　吉田 敏彦 /日本料理 随縁亭 料理長　松﨑 英司 …… 64
栄養士のちょっとひといき その 8 …… 65

09 うなぎ専門店 元町 濱新　66

絶品だしの親子丼 /店主　山菅 浩一郎 …… 67
柿の白あえ /店主　山菅 浩一郎 …… 70
シェフのひとこと /店主　山菅 浩一郎 …… 72
栄養士のちょっとひといき その 9 …… 73

10 てんぷら 天吉　74

山形風芋煮 /料理長　金井 誠二 …… 75
ごぼうとにんじんと芝海老のかき揚げ /専務　原 広也 …… 78
シェフのひとこと /店主　原 茂男 …… 83
栄養士のちょっとひといき その 10 …… 84

11 ホテルニューグランド　85

横浜市港北区産 かぶの甘味が際立つクリームスープ /総料理長　宇佐神 茂 …… 86
チキンのむね肉のソテー扇仕立て シェリーヴィネガー風味 / 総料理長　宇佐神 茂 …… 88
シェフのひとこと /総料理長　宇佐神 茂 …… 91
栄養士のちょっとひといきその 11 …… 92

12 横浜ベイホテル東急　93

赤いフルーツとトマトの冷た～いスープ /総料理長　曽我部 俊典 …… 94
夏は厚切りスタミナステーキ 香草サラダとルッコラペースト添え /総料理長　曽我部 俊典 …… 97
シェフのひとこと /総料理長　曽我部 俊典 …… 100
栄養士のちょっとひといき その 12 …… 101

13 横浜ロイヤルパークホテル　102

トマトのリヨン風ロースト /総料理長　髙橋 明 …… 103
焼マグロと旬菜のオリーブアンチョビソース /総料理長　髙橋 明 …… 105
シェフのひとこと /総料理長　髙橋 明 …… 109
栄養士のちょっとひといき その 13 …… 110

14 ローズホテル横浜　111

骨付き鶏もも肉のコンフィ きのこのボルドレーズと彩り野菜添え /洋食総料理長　國領 清貴 …… 112
マグロのタタキ丼 グァカモレとともに /洋食総料理長　國領 清貴 …… 116
シェフのひとこと /洋食総料理長　國領 清貴 …… 119
栄養士のちょっとひといき その 14 …… 120

15 イオスガーデン 121

ガスパチョ /料理長　中塩 義明 ……122
サーモンのプロヴァンサルソース /料理長　中塩 義明 ……124
シェフのひとこと /料理長　中塩 義明 ……127
栄養士のちょっとひといき その 15 ……128

16 ヨコハマ グランド インターコンチネンタル ホテル 129

彩り野菜と大根ピクルスの カリフォルニアサラダ 豆乳ソース /総料理長　齊藤 悦夫 ……130
大豆ミートとなすグラタン 全粒粉パスタ添え /総料理長　齊藤 悦夫 ……133
シェフのひとこと /総料理長　齊藤 悦夫 ……136
栄養士のちょっとひといき その 16 ……137

17 シェ・フルール横濱 138

フルーツトマトのフライ フロマージュソース /オーナーシェフ　飯笹 光男 ……139
はまぽーくのグリル 季節の野菜添え バルサミコソース /オーナーシェフ　飯笹 光男 ……141
シェフのひとこと /オーナーシェフ　飯笹 光男 ……145
栄養士のちょっとひといき その 17 ……146

18 ビストロ酒場 マリーンクラブ 147

魚介類と季節野菜のサラダ /総シェフ　竹田 直人 ……148
リモンチェッロ /総シェフ　竹田 直人 ……152
シェフのひとこと /オーナー　松原 宏 ……153
栄養士のちょっとひといき その 18 ……154

19 パティスリー　パルファン 155

パセ パルファン /オーナーシェフ　蓮本 昭浩 ……156
オレンジのコンフィチュール /オーナーシェフ　蓮本 昭浩 ……161
シェフのひとこと /オーナーシェフ　蓮本 昭浩 ……163
栄養士のちょっとひといき その 19 ……164

横浜市立市民病院の生活習慣病予防啓発活動のご紹介

スープ・ドゥ・レギュームの開発 ……166
食べることは体と心の健康の礎です /横浜市立市民病院 管理栄養士 堀口眞樹 ……169
食をテーマにした「市民参加型」の生活習慣病予防啓発講座 /管理部経営企画課・医師 平野 資晴……170
まちづくり——治療から地療へ /管理部経営企画課 中島　優 ……173

ご協力いただいた店舗のご紹介 174

※医療機関などで栄養指導を受けている方は、調理する前に一度、指導されている方にご相談ください。

1　てんぷら 天吉

プロの技でこんなに変わる！
ごちそう天ぷらで秋の訪れを感じて

小玉ねぎとしめじの煮物
海老と季節野菜の天ぷら

小玉ねぎとしめじの煮物の１人分栄養量

エネルギー	51 kcal
たんぱく質	2.4 g
脂質	0.3 g
炭水化物	11.1 g
食塩相当量	0.7 g

海老と季節野菜の天ぷらの１人分栄養量（天つゆも含む）

エネルギー	324 kcal
たんぱく質	11.9 g
脂質	17.9 g
炭水化物	26.9 g
食塩相当量	1.7 g

料理長　金井 誠二

専務　原 広也

No.1

小玉ねぎとしめじの煮物

料理長　金井 誠二

おだしが染み込んだ小玉ねぎは、ほのかな甘味と優しい歯応え。普段のおかずや、おもてなしの時のちょっとした前菜としても。天ぷらによく合い、ほっと落ち着くお味です

材料（4 人分）

●小玉ねぎ 12 個
●しめじ 150g
●いんげん 8 本

【煮汁】
●かつおだし汁 大さじ10（150ml）
●薄口しょうゆ 大さじ 1
●みりん 大さじ 1

1　下ごしらえをする

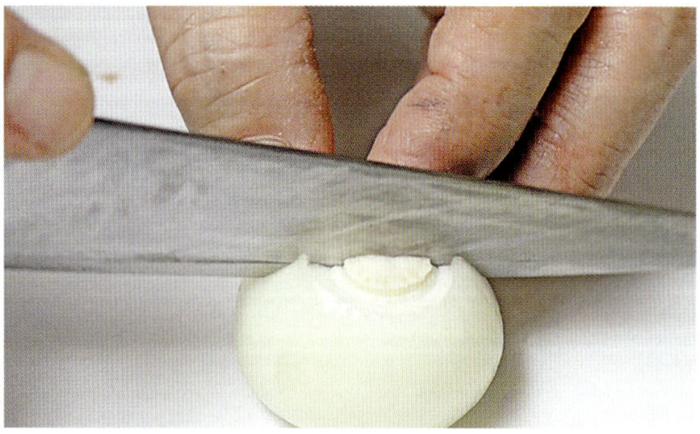

小玉ねぎはさっと熱湯にくぐらせ、すぐに冷水につけると皮がむきやすい。
根のほうに、玉ねぎの高さの半分くらいまで十字に切り込みを入れる。

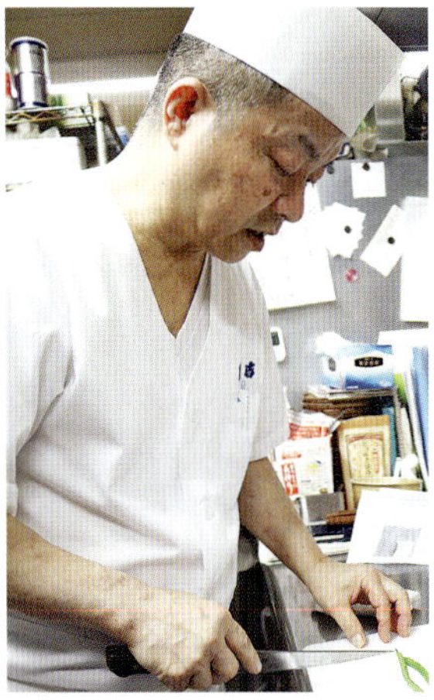

いんげんは切りそろえさっとゆでる。色良く仕上げるためすぐに
冷水に入れる。しめじは石づきを切り 1 本ずつ分ける。

2 野菜を煮て、盛り付ける

鍋に小玉ねぎと煮汁の材料を全て入れ、火にかける。
沸騰したら弱火にし、20～25分煮る（煮汁が半分くらいになるまで）。

煮上がり２分くらい前にしめじを入れる。

器に盛り付け、いんげんを添えて出来上がり。

No.2

海老と季節野菜の天ぷら

専務　原 広也

専門店の天ぷらとご家庭で揚げるものとでは約４割カロリーが違うことがあるそうです。
この機会にぜひ、プロの揚げ方を覚えてカラッと揚がったヘルシーな天ぷらをお試しください

材料（4 人分）

●海老 8 尾
●れんこん 中１節
●銀杏 24 個
●ミニトマト 8 個

【衣】
●薄力粉 1カップ（約 100g）
●卵 Mサイズ１個
●冷水（卵と水を合わせて）1カップ

【揚げ油】
●植物油 600ml（サラダ油で可）
●ごま油 100ml

【付け合わせ】
●大根おろし 120g
●おろしショウガ 20g

【天つゆ】
●かつおだし汁 150ml
●しょうゆ 大さじ２と 1/3
●砂糖 大さじ１強
●みりん 小さじ２

1　下ごしらえをする

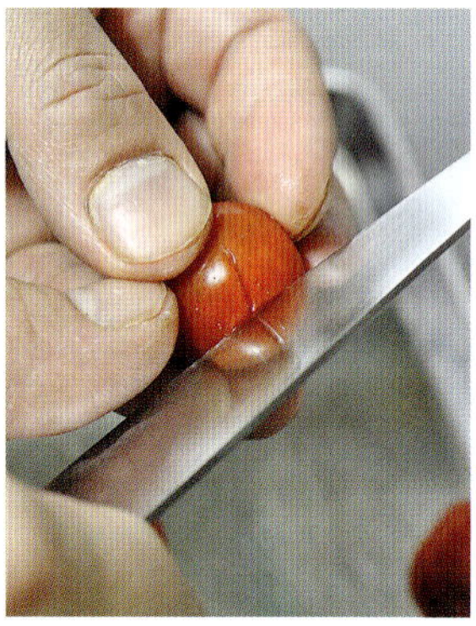

［ミニトマト］
①へたを手で取り、トマトの下に十字の切り込みを少し入れる。
②沸騰したお湯にトマトを入れる。約10秒で取り出し、氷水に落とす。粗熱を取る。
③手で皮をむいて竹串（楊枝）に２個ずつ刺していく。

［れんこん］
皮をむき、約１cmの厚さに切る。

［銀杏］
①殻を割って、外皮と渋皮をむく。
②松葉串（楊枝）に３個ずつ刺していく。

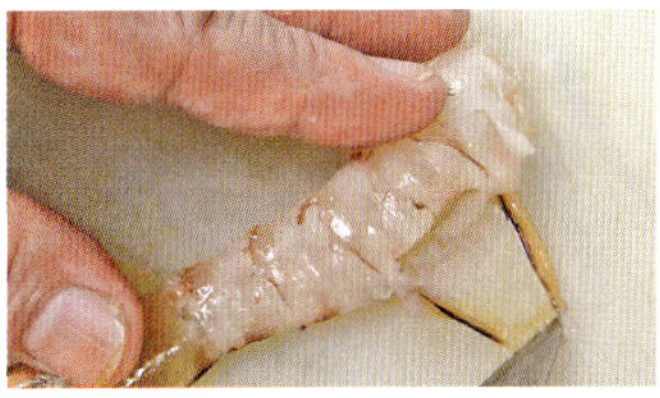

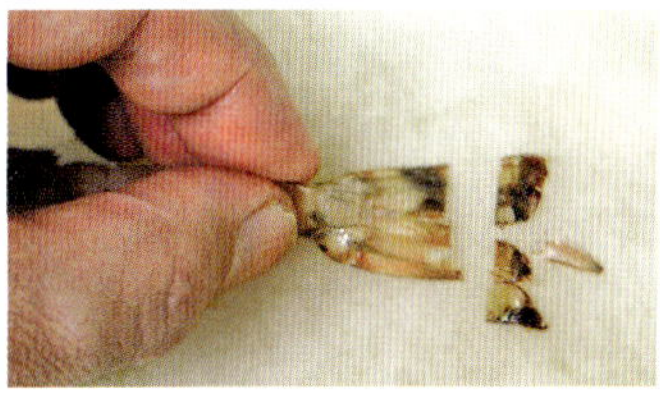

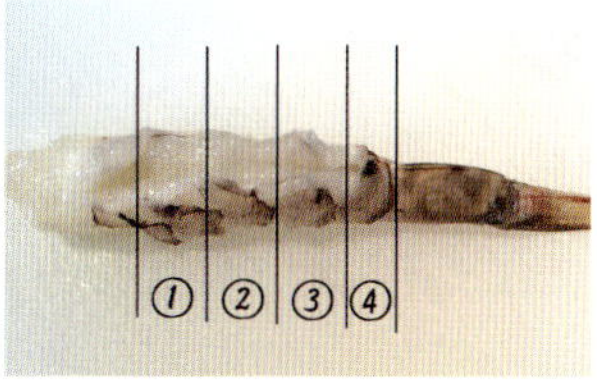

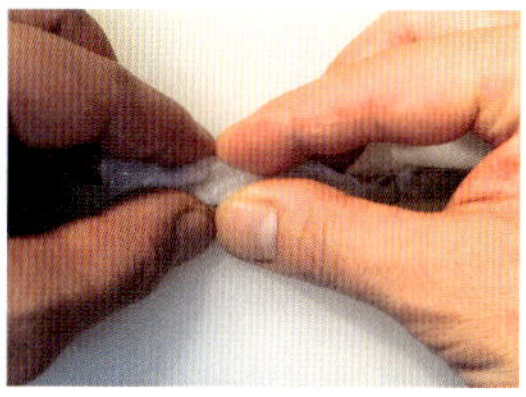

［海老］
①尻尾と最後の一節の殻を残して残りの殻をむく。
②包丁（または竹串）で背ワタを取り除く（背ワタ：海老の背中の中央を通っている黒い筋）。
包丁の場合は、背中に少し切れ目を入れて、刃先を使い、外にかき出すような感じで。
③尾の先端と尾についてるとげを包丁で落とし、尻尾の中の水分、汚れを包丁でしごき出す。
④頭を右、腹側を上にしてまな板に置いて、包丁で筋に７カ所ほど切れ目を入れる。
⑤水洗いをしてペーパーで水気をよく取り除く。
⑥まな板の上で海老の腹を下にし、両手の指先を使い頭の方から、４カ所を優しく押しつぶして身の筋を伸ばす。
（指の先で「プチッ」と感じるくらい。つぶし過ぎると細くなってしまうので注意）

2 衣を作る

①卵Mサイズ１個を計量カップに入れ、１カップちょうどになるまでよく冷やした水を注ぎ卵水を作る。
②卵水をボウルにあけて、ホイッパーで切るようにさっと混ぜ合わせる。
③ふるっておいた約１カップ分の薄力粉を２～３回に分けて少しずつ混ぜ合わせていく。

※混ぜ合わせ方と生地の硬さのポイント：ダマが少し残る程度までさっと切る感じに手際よく混ぜ合わせる。ホイッパーからポタポタと落ちるくらいの硬さがポイント。混ぜすぎると粉のグルテンが出てしまう。グルテンが出ると衣が厚くなる。厚い衣は　揚げている時に水分の蒸発を妨げてしまい、カラッと揚がらなくなる上に油を多く吸い、カロリーアップにもなってしまう。

3 油の温度を確かめる

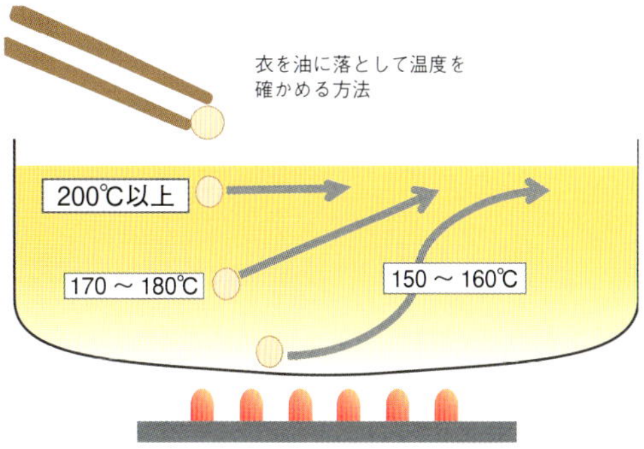

【油の温度の目安】
・生地を油に落とした時、一度沈んでからゆっくりと浮かび上がってくるのが150~160℃前後。
・すぐに浮き上がってくると180℃前後。
・油の表面で散ってしまうのが200℃前後。
※衣がすぐ黒くなったり煙が出るほどの温度は、油へ引火する危険があるので注意する。

鍋は、平たいものにする。油の量は鍋に対し７分目程度を目安にして入れる。
油の温度は175℃の高温にする。

※設定温度付きのコンロでは、実際の油の温度は低くなってしまうため、温度計付きの菜箸を用いたり、
生地を油に少し落として、衣の浮かび方（前ページのイラスト参照）で温度を調整する。

【食材別の揚げ油の適温】

・魚介類 175 ～ 180℃（実際の油の温度）、180 ～ 200℃（ガスコンロの設定温度）
・野菜類 165 ～ 170℃（実際の油の温度）、170 ～ 180℃（ガスコンロの設定温度）

※揚げている間も火力を調整しながら適温を維持することがポイント。
※野菜から揚げ、次に魚介を揚げる。ひとつでも食材を鍋に入れた時点で油の温度が一時的に下がるため、
次々に多くの食材を入れると温度が急激に下がる。温度の回復が遅くなり火が通りにくくなる。
また揚げ時間が長いと衣が油を吸い、食感が悪くカロリーも上がってしまう。

【次の食材を鍋に入れるタイミング】

・魚介類…一度鍋底に沈み、浮き上がってきたら、２つ目を入れる。
・野菜類…鍋の面積の 1/3 ～ 1/2 程度を超えないように入れる。

揚げている間は揚げ玉をこまめに、そっとすくうように取る（油の質の低下と食材に付着するのを防ぐため）。勢いよくすくうと油の温度が下がるため注意する。

4 衣を付けて、揚げる

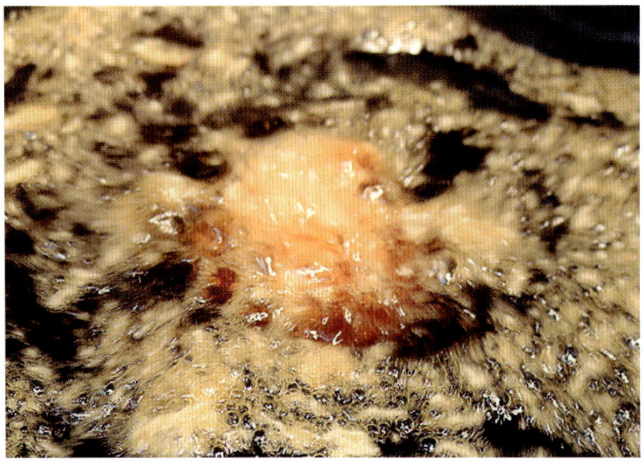

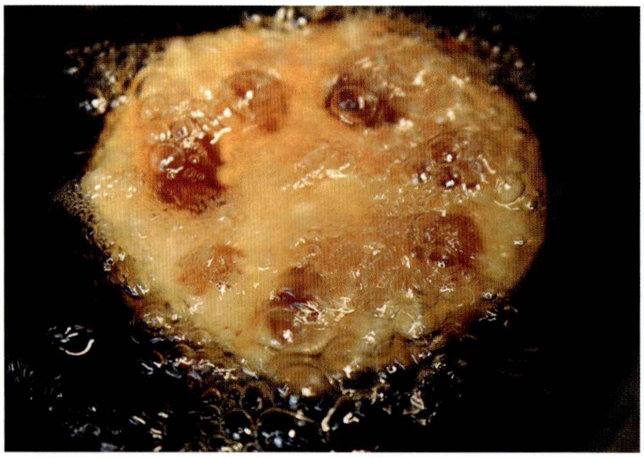

［野菜］
銀杏……………裏側だけに打ち粉をして、衣を付ける（無駄な衣は少し落とす）。揚げ時間は２分30秒。
打ち粉は衣の乗りを均一にさせるだけでなく、食材の水分を調節しカラッと仕上げる。
ミニトマト……打ち粉をして余分な粉は優しくはたいて落とす。
衣を付けて、揚げる。揚げ時間は約１分30秒。
れんこん………①表・裏と打ち粉をして、余分な粉はしっかりはたいて落とす。
②まんべんなく衣を付けてから、れんこんの穴がきれいにみえるよう、余分な衣を落とす。
③１分に一度表裏を返して、様子を見る。
④油の表面にれんこんが浮いてきて、出てくる気泡の数が少なく、大きくなってきたら
揚げ時。揚げ時間は約３分。さっくりした歯応えが残れば成功！

［海老］
①打ち粉を付けて余分な粉をはたく。
②左手の指で海老の尻尾を全体に開いた状態で持つ。
③そのまま衣を付けて、余分な衣は少し落としてから油に対して平行になるように入れる。
④油の表面に海老が浮いてきて、出てくる気泡の数が少なく、大きくなってきたら揚げ時。
揚げ時間は約２分30秒。必ず尻尾がきれいに開いて真っ直ぐな姿に揚げられる。

写真のように盛り付けて出来上がり。

シェフのひとこと

01

天ぷら 天吉
五代目店主　原　茂男

突然の出来事

家内が倒れました。脳溢血《のういっけつ》でした。今まで自分たちにはそういう事は決して起きないと信じていたのに、です。五年前の事です。友人とすし屋のカウンターで、一杯注文したその時です。午後八時三十四分、携帯電話が鳴り出しました。妻からでした。こんな時間に珍しいなと思いつつ電話を取ると、妻の苦しそうな息遣い。そして一言だけ聞こえました。

『コウナンダイ　エキマエ』ツー…

真っ青！　こりゃいかん！　ともかく友人と車を飛ばして港南台駅前を目指しました。途中、何度も電話をかけましたが、ずっと通話中…。

午後八時五十分、ようやく妻とつながりました。今度は荒い呼吸の後、

『ナンブ　キュウキュウ』ツーツー…。

すぐに病院の救急棟へ電話をしましたが、それらしい人はまだ入っていないとのことでした。その時、以前一度通りがかった病院の光景がよみがえり、港南台駅から病院の救急棟までの道程が思い浮かびました。

不思議な体験でした。地理と方向にはまるで音痴の私がです。

病院の駐車場に車を入れ、裏口から全力で暗い廊下を救急棟へ走り、もう一度妻がまだ搬送されていないのを確認して（ここまでロスタイムゼロ）先ほどなぜか頭に浮かんだＪＲの高架下を目指したのです。

二百メートルほど走ると、暗闇に車が一台止まっていました。のぞくと、妻でした。ハンドルにもたれて意識を失っていました。私の血相を見て、後を付いて来てくれた看護師さんがすぐに担架を取ってきてくれました。

午後九時十分、ついに救急棟に到着。すぐにＭＲＩ検査を受け、小脳内出血が確認されました。しかも重症。頭の中が真っ白になりました。

しかし幸運なことにその日の宿直医の先生が、なんと著名な脳外科の先生だったのです。命の恩人です。すぐに手術の説明を受け、午後十時三十分、手術が始まりました。朝の六時までかかる大変な手術でした。

あと三十分遅れていたら寝たきりだったのか…。妻の命は助かり、右麻痺《まひ》は残りましたが、今では毎日、元気に私をイジメています。

この不思議な体験で勉強したことは、身内からの電話は必ず取ること。気が付かなかったでは済まされません。

そして外食ばかりしていた私たち夫婦には良い教訓でした。脂のタップリのった肉を毎日頬張っていたあの頃、ワインを飲みっぱなしのあの頃、うーん…反省。こうなってみないと分かりません。そして誰にも起こり得る話なのです。

ま、そんな訳で、今回はヘルシーな天ぷらと血液サラサラ野菜の玉ねぎの煮物を用意しました。

皆さん、お互い体には気を付けましょう。そして日頃から嫁さんとの熱いコミュニケーション…顔真っ赤…もお忘れなく。

栄養士のちょっとひといき

その１

油は食品の中で一番高エネルギーです。油大さじ１杯半（18g）は、ご飯小茶碗１杯分（100g）のエネルギーに相当します。天ぷらは子どもから高齢者まで幅広い年齢層に好まれる料理ですが、油を多く含む料理の代表でもあります。しかし素材の種類や衣の厚さ、揚げ方により、吸油率に大きな差があります。（吸油率：素材の重さに対する吸収した油の重さの割合）吸油率を下げるとエネルギーを抑えるだけでなく、なによりサクッとしてとてもおいしいです。
油と上手に付き合って天ぷらをおいしく食べましょう。

●素材別の生（なま）と天ぷらにした場合のエネルギーおよび脂質量の違い（どちらも100ｇあたり）

素材	エネルギー（kcal）		脂質（g）	
	生	天ぷら	生	天ぷら
さつまいも	140	221	0.5	6.8
なす	22	180	0.1	14.0
きす（魚）	80	241	0.2	15.2
えび（バナメイエビ）	91	199	0.6	10.3
いか（するめいか）	85	189	0.6	10.8

参考：日本食品成分表 2018 七訂※上記は日本食品成分表によるデータです。天ぷらのエネルギー・脂質量は揚げ方により異なります。

● 天ぷらの注目ポイント

おもな素材は魚介類と野菜、使用する油は植物油です。そのため飽和脂肪酸は少なく、不飽和脂肪酸が中心です。（肉類や乳・乳製品に多く含まれる飽和脂肪酸の取り過ぎは、脂質異常症や動脈硬化と関連があるといわれています）また揚げたては薄味でもおいしく食べられ、塩分を控えめにすることができます。

● 天ぷらを健康メニューにするコツ

食べる量は「適量」に。（一度にたくさん揚げすぎないようにしましょう）組み合わせる料理はできるだけ油や脂肪が少ないあっさりしたものにしましょう。例えば…お浸し、酢の物、冷奴など。
古くなった油はなるべく使わないようにしましょう。（古い油は酸化されて過酸化脂質を生成するため）
塩分制限をされているかたは、天つゆや塩を付けすぎないようにしましょう。

● 揚げ物の吸油量を減らすには（素揚げ、フライ等も含めた揚げ物全般の場合）

大きいまま衣を付けて揚げてから切ったほうが、素材を小さく切ってから衣を付けて揚げるより、吸油量が少なくなります。（表面積が少ない方が、油を吸収する面積が少なくなるため）
衣は薄く付けた方が厚い衣より吸油量が少なくなります。
水分の多い材料より少ない材料の方が吸油量が少なくなります。（揚げると水分と油が入れ替わるため）

● 今回の料理を取り入れた、エネルギー 700kcal 未満、塩分３g未満の参考メニュー

・海老と季節野菜の天ぷら
・小玉ねぎとしめじの煮物
・薬味をたっぷりのせた冷奴（しょうゆ小さじ１/２杯使用）
・ご飯茶碗１杯（150ｇ）

2 仏蘭西料亭 横濱元町 霧笛楼

体も心も温まる。野菜とお肉を じっくり煮込んでおもてなしフレンチ

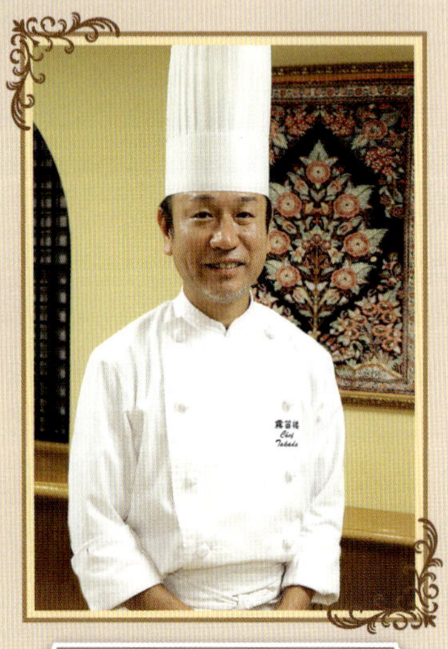

料理長　高田 裕康

鶏むね肉の赤ワイン煮 季節の温野菜をたっぷり添えて

鶏むね肉の赤ワイン煮 季節の温野菜をたっぷり添えての１人分栄養量

	半熟卵あり	半熟卵なし
エネルギー	481 kca	398 kcal
たんぱく質	40.4 g	33.7 g
脂質	22.9 g	17.2 g
炭水化物	26.5 g	26.3 g
食塩相当量	1.3 g	1.1 g

※栄養量の算出について
油、塩は準備量ではなく使用推定量で算出。

赤ワインはしっかり煮込むことでアルコールが飛ぶため、使用量のたんぱく質・炭水化物量からエネルギー量を算出。

No.3

鶏むね肉の赤ワイン煮
季節の温野菜をたっぷり添えて

料理長　高田 裕康

じっくりと煮込まれた鶏肉を、赤ワインと野菜のうま味が凝縮されたソースでいただきます。
ヘルシーな鶏肉とたっぷりのお野菜。家庭でできる本格フレンチです

材料（4人分）

●鶏むね肉 480g（皮を取る）
●玉ねぎ 300g
●にんじん 100g
●セロリ 100g
●赤ワイン 750ml
●薄力粉 適量

●チキンブイヨン 300ml
●フォンドヴォー 100ml
●ニンニク 1かけ
●ローリエ 1枚
●タイム 少量
●塩・こしょう 適量

●サラダ油約 60ml
（肉と野菜を炒める用）
●オリーブ油約 30ml
（付け合わせ用 10ml ソース用 20ml）

●ブロッコリー 80g
（カットした状態で）
●カリフラワー 120g
（カットした状態で）
●キャベツ 120g
（カットした状態で）
●さつまいも 120g
●温泉卵 4個
●ハチミツ少量
●しいたけ 80g ※今回は使用していませんが、ソテーして添えてもおいしいです。

1　野菜と鶏肉をワインに漬ける

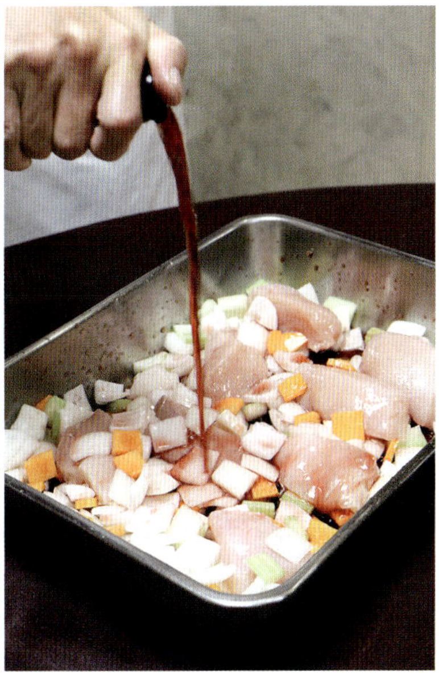

玉ねぎ、にんじん、セロリは2㎝角に切る。

鶏むね肉は皮を取り60gずつに切る（1人2切れ）。
片面に軽く塩、こしょうをしておく。

深めのバットに野菜と鶏肉を並べ、赤ワインを注ぐ。
冷蔵庫に入れ、一晩漬ける。

2 付け合わせを作る

カリフラワー、ブロッコリー、キャベツ、さつまいもは食べやすい大きさに切る。
沸騰したお湯に１％の塩を加え、好みの硬さにゆでる。10ml のオリーブ油、塩、こしょうで味を調えておく。

3 鶏肉を焼く

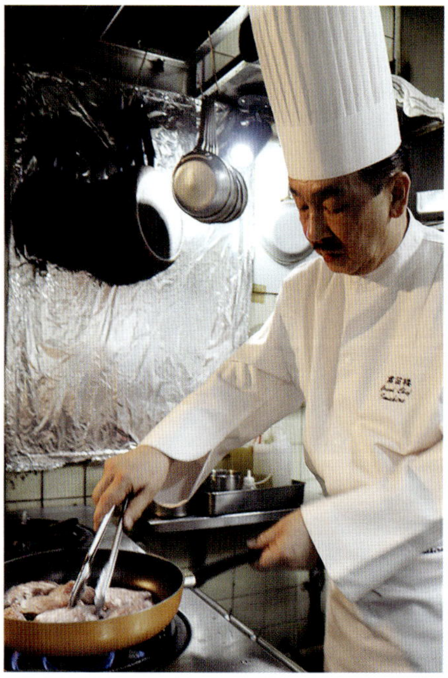

一晩漬けた鶏むね肉を取り出し、キッチンペーパーなどで水気をよく拭き取る。軽く薄力粉をまぶす。
フライパンを熱し、サラダ油を入れ中火で薄いきつね色になる程度に焼き上げる。

4 野菜を炒め、鶏肉と煮込む

漬けた野菜とワインとを分ける。ワインは鍋に入れておく。野菜はフライパンに取り、中火でしんなりするまでじっくりと炒める。

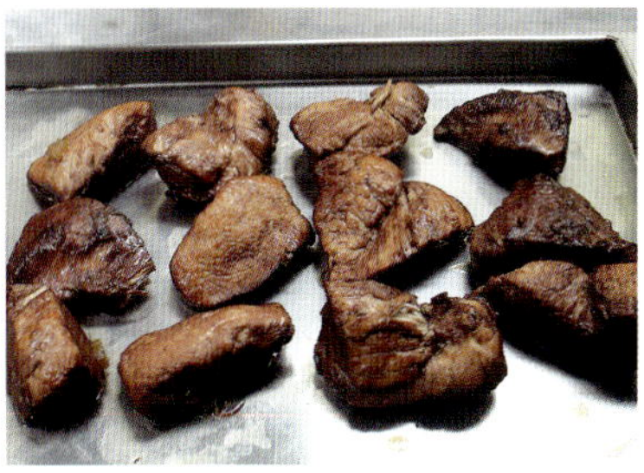

炒めた野菜とチキンブイヨン、フォンドヴォーを、先ほどのワインの入った鍋に加えて一煮立ちさせる。

※家庭では市販のフレークやペースト状のフォンドヴォーまたはチキンコンソメに規定の水分を加え、一煮立ちさせてアクをよく取り使用する。また、缶詰や冷凍の市販の液状の物は説明書に書かれている内容を確認の上使用する。

アクをよく取り、ニンニク・ローリエ・タイムを加えて約30分間煮込み、火を止めて15分休ませる。

煮込んだ鶏むね肉は取り出しておく。

5 ソースを仕上げる

鍋の野菜を裏ごしして鍋に戻す。半量になるくらいまで煮詰め、塩、こしょうとオリーブ油 30ml、ハチミツを少量加える。鶏むね肉を入れ、さらに少し煮詰め、塩、こしょうで調える。

6 盛り付ける

付け合わせ野菜をお皿の奥に、手前に鶏肉を盛り付ける。
ソースを鶏肉にかけ、温泉卵をのせる。季節のあしらい（紅葉や稲穂など）をして出来上がり。

シェフのひとこと

02

仏蘭西料亭 霧笛楼 取締役総料理長　今平 茂

季節感を大切に

寒い季節に、まさしく「体の中から温まる」一皿です。通常は、鶏のもも肉を生クリームやバターと一緒に調理しますが、皮をむいた鶏むね肉に植物油（サラダ油やオリーブ油）を使ってヘルシーに仕上げてみました。鶏むね肉といえばパサつきが気になるところですが、野菜や赤ワインに一晩漬け込み、炒めてじっくりと煮込むことでその食感はやわらぎ、ソースにも深みが生まれます。

たっぷりと付け合わされた季節の温野菜は、「横浜ブランド農産物」を使用しました。横浜といえば、観光地・大都市というイメージが強いかもしれませんが、意外にも多くの野菜や海藻類（昆布やのり）が作られています。晩秋から冬にかけては、キャベツ、カリフラワー、ブロッコリー、かぶ、最近ではチリメンキャベツ、ロマネスコ、ビーツ等もたくさん生産されています。

地産野菜への想いと霧笛楼流のおもてなし

非日常の演出に酔いしれていただくことが醍醐味とも言えるフランス料理は、手の込んだ調理法やぜいたくな食材を使った、重厚な一皿が注目されることが多いかもしれません。

特別な時間をお過ごしいただく中でも、とりわけ私どもが志す「横濱フレンチ」は、必要以上に着飾りすぎない、自然体のお料理を召し上がっていただくことを目標とし、お料理を通して、素材のおいしさと可能性をお伝えすることが何よりの「おもてなし」であると考えます。

食材を生かすメニュー作りを心がける中でたどり着いたのは、おいしさの源は何といっても「鮮度」であるというシンプルな結論。とりわけ野菜は、できる限り収穫から調理までのタイムラグをなくし、地元の畑で採れたばかりの鮮度の高い食材を多く用いています。

例えば、春には料理人自ら竹林に入り、その日に使うたけのこを収穫し、調理場に入るということも珍しくありません。メニュー替えの季節には、横浜野菜を育てる生産者の元を訪れ、その年の出来栄えを伺って、調理のヒントを探ります。さらに、野菜からインスピレーションを感じてメニュー構成が決まることも多く、産地で見聞きした感動もお料理に反映させています。

このように生産者と料理人の思いが詰まったお料理ゆえ、個性的な名前の一皿になることもしばしばありますが、お客様にこうした背景や思いも感じていただくことができて、初めて「横濱フレンチ」は完成いたします。

今回お作りいただいてお召し上がりいただきますひと時に、こうしたストーリーもぜひご一緒にお楽しみいただければ、この上ない幸せでございます。

食を通じて横浜から

私どもは、地元のシェフたちと食育活動を行っております。市内全ての小学校を訪ねることを目標に、子どもたちと一緒に料理を作るスタイルで活動をはじめてから約十二年、七十数校、訪問させていただきました。さらに二〇一二年からは、横浜市立市民病院の方々と私ども横浜のシェフとのコラボレーションで料理教室も数回開催させていただきました。

このような活動の中で、食育は心身の発達や感性を養うばかりでなく、生活習慣病といった病気の予防にも大きく関わっていることが分かりました。

今後も、皆様と共に「食の大切さ」を「横浜らしいスタイル」で、発信し続けたいと思います。

栄養士のちょっとひといき

その2

今回の料理は季節を問わずおいしくいただけますが、冬の寒い日に煮込む時間さえとれれば、簡単にできる豪華な一品です。素敵な食器に盛り付ければ、おもてなし料理としてもピッタリです。小さいお子様には、赤ワインの代わりにトマトソースで煮込んでもよいでしょう。エネルギーを減らしたいかたは、肉や主食の量を減らして調整してください。

● 今回使用した材料の栄養ひとくちメモ

鶏むね肉は皮を除くことで、ささみに匹敵する高たんぱく質・低脂肪・低エネルギーになり、エネルギー制限の必要なかたにもお勧めの食材です。また鶏むね肉に多く含まれるイミダペプチド（イミダゾールペプチド）という成分は、**活性酸素**（※1）を除去し疲労回復を促す効果が高いことが分かっています。

◆ 鶏肉（若鶏）の部位別栄養量（100gあたり）

部位	エネルギー（kcal）	たんぱく質（g）	脂質（g）	炭水化物（g）
ささみ	105	23.0	0.8	0
むね 皮なし	116	23.3	1.9	0.1
むね 皮つき	145	21.3	5.9	0.1
もも 皮なし	127	19.0	5.0	0
もも 皮つき	204	16.6	14.2	0
手羽 皮つき	210	17.8	14.3	0

参考：日本食品成分表 2018 七訂より

赤ワインにはタンニン・アントシアニン・カテキンなどさまざまな種類の**ポリフェノール**（※2）が含まれています。これらの成分には強い抗酸化作用があり、活性酸素を除去したり、血栓や動脈硬化、老化やがんを予防する効果などが報告されています。また最近では、ぶどうの果皮に含まれるレスベラトールというポリフェノールも注目されています。

※1**活性酸素**：酸素の一部は、ほかの物質を酸化させる力が強い活性酸素に変化します。活性酸素は殺菌力が強く、体内では細菌やウイルスを撃退する働きがあります。しかし増えすぎると正常な細胞や遺伝子を傷つけ、老化・がん・動脈硬化などさまざまな疾患の原因となる場合があります。食物に含まれるビタミンやポリフェノールなどは強い抗酸化作用をもち、活性酸素の発生防止や除去に役立ちます。

※2**ポリフェノール**：植物に含まれる、色素やアク、渋味、苦味の成分で、ほとんど全ての植物に含まれ、種類も多岐にわたっており、強い抗酸化作用が特徴です。ほとんどが水溶性のため比較的短時間で作用しますが、その効果は長期間持続しません。そのため毎日さまざまな野菜類を摂取することが大切です。

● 今回の料理を取り入れた、エネルギー700kcal未満、塩分3g未満の参考メニュー

・鶏むね肉の赤ワイン煮　季節の温野菜をたっぷり添えて（半熟卵抜き）
・お好みの野菜のマリネ（お勧めの野菜：きゅうり、にんじん、小玉ねぎ、大根、セロリ、ミニトマト、パプリカ、カリフラワーなど）
・野菜やきのこのコンソメスープ（小さめの器で）
・ご飯茶碗1杯（150g）またはパン2～3切れ

3

崎陽軒本店

野菜が一番おいしい炒め方。
ささっとしゃっきり本格中華

崎陽軒本店
総料理長　阿部 義昭

豚肉（はまぽーく）と春キャベツの中華風みそ炒め

豚肉と春キャベツの中華風みそ炒めの１人分栄養量

エネルギー	192 kcal
たんぱく質	8.4 g
脂質	10.7 g
炭水化物	13.1 g
食塩相当量	1.5 g

No.4

豚肉（はまぽーく）と春キャベツの中華風みそ炒め

総料理長　阿部 義昭

お店のと全然違う…と悩む方が多い野菜炒め。コツは準備とスピード。
下ごしらえを済ませたら、一気に仕上げてしゃっきりとした歯応えに

材料（4 人分）

- ●豚肉スライス（はまぽーく）150g
- ●春キャベツ（横浜産）200g
- ●赤ピーマン 1/2 個
- ●緑ピーマン 1/2 個
- ●生しいたけ 5 個
- ●長ねぎ 1/6 本
- ●ニンニク 少々
- ●ショウガ 少々
- ●塩（ゆでる際）小さじ 1 ※栄養量計算外
- ●油（ゆでる際）大さじ 2 ※栄養量計算外
- ●油（炒める際）大さじ 1

【肉の下味】

- ●酒 大さじ 3
- ●片栗粉 大さじ 1 と 1/2

【合わせ調味料】

- ●みそ 大さじ 1
- ●しょうゆ 大さじ 1
- ●砂糖（上白糖）大さじ 1
- ●水 大さじ 4
- ●片栗粉 小さじ 2 と 1/2
- ●チキンパウダー 小さじ 1/3

1　肉に下味をつける

豚肉は一口大に切る。酒と片栗粉でもみ込み、下味を付けておく。合わせ調味料を混ぜ合わせておく。

2 野菜を切る

春キャベツは手で一口大にちぎる。硬い芯の部分は包丁でたたいてから、斜めに薄切りにする。

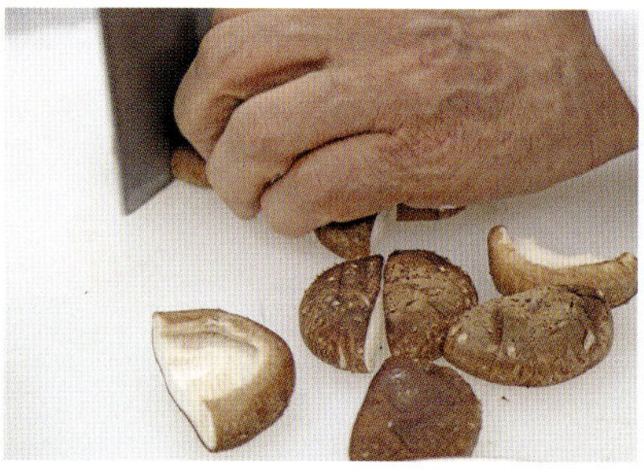

赤ピーマン、緑ピーマンは種を取り、一口大に切る。生しいたけは石づきを取り、半分に切る。
長ねぎはうすくスライスする。

3 野菜と肉の下ゆでをする

鍋に500mlのお湯を沸かし、塩と油を入れる。生しいたけとキャベツ、ピーマンを入れてさっとゆで、ざるにとる。同じお湯で豚肉を入れてゆで、ざるにとる。

※肉はしっかり色が変わるまでゆでる。

4 炒め、味付けをする

フライパンを熱して油を入れ、ニンニク、ショウガ、スライスした長ねぎを香りが出るまで炒める。その後野菜、豚肉の順に加えて少し炒めたら、混ぜておいた合わせ調味料を加え、炒め合わせる。

調味料を入れたら炒めすぎない。盛り付けて出来上がり。

シェフのひとこと

今回のレシピについて

今回は、三月頃から出回り始める春キャベツと、「はまぽーく」を使った中華風みそ炒めをご紹介しました。「横浜産春キャベツ」は柔らかくとても甘味があっておいしいです。

このレシピのポイントはあわてないこと。下準備からあせらず作れば、どなたでもおいしく出来上がります。

中華料理はカロリーが高いと思われがちですが、実際はそんなことはなく、余分な油を落とす工夫をしています。

どなたでもかんたんに作れますので、ぜひお子様と一緒に楽しく作ってみてください！

03

崎陽軒 本店
総料理長　阿部 義昭

地元食材を用いた崎陽軒本店の中華料理

私は香港式の広東料理を専門に作ってきました。香港はかつてイギリス領であり、自由貿易が行われてきた港町でした。

また近くにはポルトガル領であったマカオがあったり、さらに東南アジアへも陸続きであることなどから、国際色豊かな文化が築かれてきました。そのおかげで、料理も多様性に富んでいるものが多いのです。

最近の香港は日本食ブームで、わさびやうどんを使った広東料理も登場しています。このようにさまざまな文化が流入・融合しやすいところは、ここ横浜も同じです。うちの中国料理部の厨房も、ラム酒やブランデー、チーズが置いてあります。

そして、海鮮食材を多く使う広東料理は食材の鮮度が命。海鮮だけでなくその他の食材も、新鮮な地元食材を積極的に使うようにしています。さらに、広東と違って日本には四季がありますので、季節感を大切に、季節に合わせた食材も意識的に使うようにしています。

これからも日本の風土、横浜の風土を生かした、既成概念にとらわれない、「これぞ横浜！」といわれるような料理を作り続けていきたいと思います。

食を通じたコミュニケーション

今回、お子様でも作れるかんたんなレシピを紹介させていただきました。日頃、食育活動で料理を披露していますが、ただ調理してお見せするだけでなく、使った食材がどのように生産されるのかもお話しするようにしています。

食材を作る人がいて（生産者）、一皿の料理ができ（料理人）、その料理を口にして喜んでいただく（消費者）までのプロセスには、さまざまな人が見えないところで関わっている。つまり、人と人とのコミュニケーションがなければできないのです。生きていく上でとても大切なことです。コミュニケーションのルーツは家庭（家族）にありますし、こういうことを伝えていくのも食育だと思っています。

今回のレシピでぜひ、親子で楽しみながら作り、食べながら楽しい会話をしてほしいですね。

栄養士のちょっとひといき

その３

柔らかく甘味がおいしい春キャベツと身近な食材である豚肉を使った、ご飯がすすむ一品です。もちろん春キャベツ以外のキャベツでもおいしく出来上がります。下準備をしっかり整え、一気に仕上げるのがコツです。塩分を減らしたいかたは、合わせ調味料を加える量で調整してください。
また豚肉の部位により栄養量が大きく変わりますので、お好みで使い分けてください。

◆ 豚肉と春キャベツの中華風みそ炒めの豚肉部位別栄養量（１人分あたり）

部位	エネルギー（kcal）	たんぱく質（g）	脂質（g）	炭水化物（g）
かたロース脂身つき	192	8.4	10.7	13.1
ロース脂身つき	196	9.2	10.7	13.1
ばら脂身つき	242	7.3	16.5	13.1
もも皮下脂肪なし	152	10.1	5.7	13.1

参考：日本食品成分表 2018 七訂より計算

● 今回使用した材料の栄養ひとくちメモ

豚肉は良質なたんぱく質を多く含み、ビタミンB_1は肉類の中で最も多く、牛肉の約10倍含まれ、炭水化物のエネルギー代謝を助け疲労回復に役立ちます。

【はまぽーく】
食品循環資源（学校給食・事業系食品等）からできた飼料と配合飼料（小麦・トウモロコシ等）を混合給与し、横浜市内の生産者が育てた健康な豚で、日本食肉格付協会の評価を得た肉質良好な豚肉です。（横浜農協食品循環型はまぽーく出荷グループ「時代のエース　はまぽーく」PDF 版より）
肉の色は淡紅色で、柔らかく上品な味わいをもち、食品資源にも役立っています。

キャベツには豊富なビタミンが含まれており、特にビタミンC、Uを多く含みます。その中でもビタミンUはキャベツから発見されたビタミン様物質の一種で、キャベジンとも呼ばれ、胃腸の粘膜の修復に必要な、たんぱく質の合成を促進します。
港町のイメージが強い横浜ですが、多くの種類の野菜が育てられています。最も多く生産されているのがキャベツで、全国での生産量が10位（※１）となっています。市内でも特に神奈川区が多く「横浜キャベツ」の名で販売されています。横浜では５～６月の春キャベツと10～12月の冬キャベツが作られていますが、春キャベツと冬キャベツは品種が異なります。春キャベツ（丸い巻きのゆるいもの）は軽くてふんわりとしたものがおいしく、サラダなどに向いています。冬キャベツ（扁平で巻きが硬いもの）は大きさよりも重く感じるしっかり葉が巻いたものが良く、煮込み料理向きです。キャベツを買う時はそれぞれの特徴に合ったものを選びましょう。
（横浜市環境創造局ホームページより抜粋）※１ 平成18年度産 全国約1800市町村中の順位

● 今回の料理を取り入れた、エネルギー 700kcal 未満、塩分３g 未満の参考メニュー

・豚肉と春キャベツの中華風みそ炒め
・きゅうりとセロリの中華風甘酢あえ
・きのこと卵のスープ（塩分を３g 未満にする場合は小さめの器で）
・ご飯茶碗１杯（150g）

4 レストラン ストラスヴァリウス

南フランスの風。
夏野菜のおいしさをぎゅっと閉じ込めて

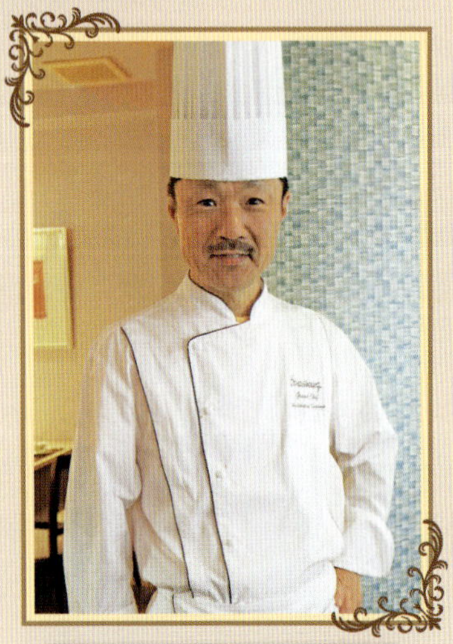

オーナーシェフ
小山 英勝

タコと夏野菜のラタトゥイユ

タコと夏野菜のラタトゥイユの
１人分栄養量

エネルギー	325 kcal
たんぱく質	14.4 g
脂質	21.0 g
炭水化物	20.6 g
食塩相当量	1.7 g

※栄養量の算出について
　油通しした場合の具材への吸油率は10%とした。

No.5

タコと夏野菜のラタトゥイユ

オーナーシェフ　小山 英勝

たくさんの野菜とタコのうま味。トマトのまろやかな酸味は、食欲の落ちた時にもぴったり。
熱々でも冷やしてもおいしく、おもてなしから普段の食卓まで、どんな場面にも合うお料理です

材料（4人分）

- ●ゆでタコ 200g
- ●パプリカ（赤・黄）各1個
- ●ズッキーニ 1本
- ●なす 2本
- ●ピーマン(緑)2個
- ●玉ねぎ 小1個

- ●オリーブオイル 60cc
- ●トマトホール缶1缶（約400g）
- ●タカの爪 1/2本
- ●ニンニク 小さじ1

- ●粉末ブイヨン 小さじ1
- ●タイム 4本（適量）
- ●ローリエ1枚
- ●塩 少々
- ●こしょう 少々
- ●パセリ 少々（みじん切り）

1　下ごしらえをする

タコと野菜は大きさをそろえて約2cm角にカットする（大きさはそれほど気にしなくても良い）。
ニンニクはみじん切りにする。

玉ねぎはラップをして電子レンジに3分30秒かける。

2 トマトソースを作る

鍋にオリーブオイル、ニンニクのみじん切り、タカの爪、タイム、ローリエを入れる。弱火で焦がさないように4～5分炒める。※じっくりと弱火で炒め、油にニンニクや香草の風味を移す。

トマト缶をミキサーにかけて滑らかにし、鍋に入れる。

粉末ブイヨンを加え、塩、こしょうを少々加える。

玉ねぎを入れ、一煮立ちさせてから火を止める。

3 野菜・タコを揚げる

油の温度を185～190℃にし、（揚げ油の温度の測り方は9ページ参照）野菜を硬い物から順に揚げる。

①パプリカ（赤・黄色）は3～4分程、しんなりするまで揚げる。
②ズッキーニは3分程、薄いきつね色になるまで揚げる。
③なすは2分程、薄いきつね色になるまで揚げる。
④ピーマンは薄いのでおよそ1分揚げる。
⑤タコは小麦粉または片栗粉を軽くまぶし、20秒ほど揚げる。揚げすぎると硬くなるので注意する。

硬いものから揚がった順に、クッキングペーパーなどの上にあけて油を切り、塩をほんの少し振る。
タコ以外の材料を全てトマトソースの入った鍋に入れる。※煮上がりを均一にするため。

4 煮込む

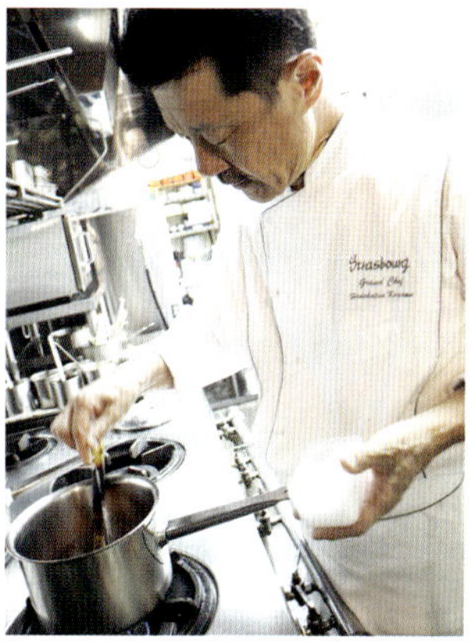

中火で加熱し沸騰したら、下記の３種の方法のいずれかで加熱する。
※煮崩れないよう・焦がさないようにすることがポイント。

①コンベクションオーブンに入れる場合→ 145℃で15分加熱する。
②家庭用のオーブンに入れる場合→ 170℃～180℃で15分加熱する。
③鍋で引き続き加熱する場合→弱火で煮る。５分おきに優しく、ゆっくりとかき混ぜる。
　鍋底の端の部分が焦げやすいので気を付ける。

加熱が終わったら、タコを加え全体をゆっくりと混ぜ合わせる。

5 盛り付ける

タイムやローリエを取り除き、器に盛り付ける。パセリを上に散らして出来上がり。

ココット皿のような小さい器に盛り付けてもよい。

シェフのひとこと

04

ストラスヴァリウス　オーナーシェフ　小山 英勝

今回のレシピについて

ラタトゥイユは南フランス「プロヴァンス地方」の郷土料理です。あまりにポピュラーなお料理となりましたので、ご存知の方もきっと多いかと思います。

このお料理をプロとして数えきれないほど作り、食べてきた中で、トマトやズッキーニ、なす、パプリカ、タコを用いて夏らしく、私が一番おいしいと思う作り方で煮込みました。

食材のうま味を手際よく引き出す

ぜひ皆様にご家庭で作っていただきたいのですが、その前に一つだけポイントをお伝えします。

カレーを例に考えてみましょう。最初にお肉を炒めますが、鍋の大きさに対して「たくさんの材料」を「一気に」入れてしまうことをよく目にします。

この場合、肉の表面の焼き色が付く前に、おいしい肉汁が出て煮えてしまいます。これでは仕上がりの見た目はカレーでも、決して香り豊かなおいしいカレーにはなりませんよね。

お料理作りに大切な、①食材一つ一つの特徴を理解し十分に引き出すこと、②「切る、炒める、焼く、煮る、揚げる」などの調理作業には、必ず理由があります。「どうしてそうするのか?」を食材の特徴とバランスを照らし合わせて考えながら、丁寧に調理することで必ずおいしく出来上がります。

このラタトゥイユも同じです。それぞれの食材が持っているうま味や甘味を十分に引き出してあげて、それらが一体となっておいしい一皿に仕上がります。同じ鍋で野菜を一緒に炒めてしまうレシピをよく見かけますが、水分の多い野菜を後から加えていっても、決して同じように炒まることはなく、バランスが悪くなります。

例えば、油と相性が良いなすの特徴は、最初に油をどんどん吸ったあとに自ら油を放出していき、おいしい焼き色がついてゆきます。弱火でたっぷりと油を吸った食感のよくないなすと、さっと手早く必要にして少量の油を吸ったおいしいなすとでは、味もさることながら、カロリー的にもかなりの差があります。

余談ですが、中華料理の「油通し」という技法がありますが、これは本当に理にかなった調理法です。

食生活を大切に

食事とは、生命を維持する（栄養を取る）目的が大きいかもしれませんが、生活の中（食生活）で考えますと、さまざまな意味合いが込められていると思います。例えば、見た目の美しさやおいしさといった文化・芸術的なもの、愛する人や大切な人へ思いを込めて作る、和気あいあいと食べるといったコミュニケーションの場、健康を維持するための自然科学的なことなどでしょうか。

生活習慣病の予防が大切といわれている近年、お料理は「体に優しく、かつおいしい」がキーワードだと思います。

ぜひこれからも皆様と一緒に一日でも、一皿でも多く、心を込めた手作りのお料理を作ってまいりましょう。

栄養士のちょっとひといき

その4

今回ご紹介のラタトゥイユは、フランスパンと共に、パスタソースに、またホタテなど魚介類のグリルに添えればおもてなしの一皿にと、いろいろな食べ方が楽しめます。レシピでは１人分が約300g（出来上がり量）とたっぷりありますので、作った当日は温かく、残りは冷蔵庫に入れ、翌日に冷たいままでもおいしくいただけます。タコの代わりにイカを使ったり、野菜だけでもおいしくできます。野菜料理に困ったら、ぜひ試してみたい一品です。

● 今回使用した材料の栄養ひとくちメモ

トマトはβ - カロテン、ビタミンＣ・Ｅと３大抗酸化ビタミンを含み、動脈硬化やがん、老化などの予防に役立ちます。赤い色素リコペン（リコピン）にはβ - カロテンやビタミンＥよりも強力な抗酸化作用があるといわれています。また、うま味成分であるグルタミン酸を比較的多く含み、魚介や肉類に含まれるうま味成分のイノシン酸やコハク酸と一緒になると、相乗効果でうま味をより強く感じることができます。

パプリカ・ピーマンもトマトと同様にβ - カロテン、ビタミンＣ・Ｅを含み、ビタミン様物質であるヘスペリジンはビタミンＣの吸収を助けます。

タコは低エネルギーで高たんぱく質、低脂肪の食品です。豊富に含まれるタウリンは、血中脂質のバランスを改善したり、肝機能を高めたり、血圧を下げるなどの効果が報告されています。

オリーブオイルは一価不飽和脂肪酸であるオレイン酸を多く含みます。オレイン酸は酸化しにくい性質があり、善玉コレステロール（ＨＤＬ - コレステロール）を下げずに総コレステロールを下げる働きがあるといわれています。

食品にはそれぞれに優れた栄養成分がありますが、体に必要な栄養素を全て含む食品はありません。多種類の食品を組み合わせて食べることで、多様な栄養素を満たす食事につながります。

● 抗酸化作用とは

人が生きていくためには酸素は不可欠ですが、呼吸で体内に取り入れた酸素のうちの一部（約２％）は、ほかの物質を酸化させる力がとても強い活性酸素に変わります。活性酸素は殺菌力が強く、体内で細菌やウイルスを撃退する働きもありますが、増えすぎると細胞を傷つけ、老化を早めたりさなざまな病気を引き起こす原因になったりします。その活性酸素を除去したり、活性酸素による細胞のさびつきを防いだりする働きを抗酸化作用といいます。活性酸素を減らすには生活習慣の見直しも大切ですが、抗酸化作用のある物質を食品から摂取することもできます。

◆ 食品に含まれるおもな抗酸化物質

抗酸化物質	おもな種類	多く含む食品
ポリフェノール	アントシアニン、イソフラボン、カテキンなど	ぶどう、ベリー類、大豆、緑茶など
カロテノイド	β - カロテン、リコペン、アスタキサンチンなど	緑黄色野菜、トマト、鮭・エビなど
ビタミンＣ	―	緑黄色野菜、果実類、芋類など
ビタミンＥ	―	種実（ナッツ）類、イクラ・ウナギ、南瓜など
イオウ化合物	硫化アリル、スルフォラファン、イソチオシアネートなど	玉ねぎ、にんにく、ブロッコリー、キャベツなど

● 今回の料理を取り入れた、エネルギー 700kcal 未満、塩分３g 未満の参考メニュー

・ラタトゥイユ（レシピ１人分の１/２量）ホタテ貝柱など魚介のグリルを添えて
・キャベツのミルクスープ
・フランスパン（90g）またはご飯茶碗１杯（150g）

5　日本料理 梅林

健康レシピでおもてなし。
しみじみおいしい、秋のごちそう

店主　山下 英児

豚肉とわけぎの酢みそあえ
ホタテ大根飯
焼きなすの赤出汁椀

豚肉とわけぎの酢みそあえの１人分栄養量

エネルギー	193 kcal
たんぱく質	25.5 g
脂質	3.0 g
炭水化物	12.6 g
食塩相当量	1.7 g

※栄養量の算出について
下味用の肉の漬け汁は吸収量を1/4とした。酢みそは2/3量食べたものとした。

ホタテ大根飯の１人分栄養量

エネルギー	355 kcal
たんぱく質	14.7 g
脂質	2.2 g
炭水化物	63.5 g
食塩相当量	1.9 g

※栄養量の算出について
大根を煮た調味料の吸収量を1/3とした。

焼きなすの赤出汁椀の１人分栄養量

エネルギー	33kcal
たんぱく質	2.2 g
脂質	0.7 g
炭水化物	5.3 g
食塩相当量	0.9 g

※栄養量の算出について
みその使用量は25gとした。

No.6

豚肉とわけぎの酢みそあえ

店主　山下 英児

柔らかく肉汁のあふれるお肉を、自家製の酢みそでさっぱりといただきます。
プロのお肉の焼き方を覚えておけば、どんなお料理にも役立ちます

材料（4人分）

●豚ひれ肉 100g を 4 枚
●わけぎ 1/2 束
●穂しそ　飾り用

【A】
●濃口しょうゆ 50cc
●酒 50cc
●みりん 50cc

【B】
●西京みそ 100g
●酒 大さじ 1
●みりん 大さじ 1
●卵黄 1/2 個

【C】
●りんご酢 大さじ 1
※一煮立ちさせたもの
●りんごジュース 大さじ 1

1　下ごしらえをする

Aの材料をビニール袋などに入れ、そこに豚ひれ肉を 30分ほど漬け込む。
わけぎの先端を切って、太い部分からゆでる。柔らかくなったらざるにあげ、色止めのためうちわであおいで冷ます。冷めたら、3～4㎝に切る。

※わけぎは中に水が入り、水っぽくなるのを防ぐため、先端を切ってからゆでる。色止めは冷水に取る方法もあるが、今回は味が薄まらないようにうちわであおいでいる。

2 酢みそを作る

Bの材料を鍋に入れ、強火にかける。
焦げないよう気を付けながら、木べらで絶えず底をかき混ぜ続ける。

とろとろだったみそが、写真のように硬めに変化する。ふつふつと沸き、照りが出てきたら火を止める。Cを入れてよく混ぜたら出来上がり。

※酢を入れる前のものを玉みそという。玉みそは冷凍保存ができるので、多めに作り保存しておくと便利。焼いた野菜や肉などに掛けるだけで本格的に仕上がる。

3 肉を焼く

魚焼きグリルで約10分焼く（強火）。食べやすい厚さにスライスする。

※お店では、金属の串を打って焼いている。

4 盛り付ける

わけぎをお皿の奥へ、手前に肉を並べる。酢みそをたっぷりと掛ける。
穂しそがあれば散らして出来上がり。

No.7

ホタテ大根飯

店主　山下 英児

ホタテのうま味が染み込んだご飯は、一口ごとに「おいしい」と
うなってしまうほど。歯応えの良い大根は炒めてから加えるのがコツ

材料（4人分）

●ボイルホタテ貝 200g（6個ぐらい）
●お米 2合
●大根 200g
●大根の葉 100g（万能ねぎでも可）
●昆布 5g

【米を炊くときの調味料】
●水 300cc
●酒 大さじ2
●薄口しょうゆ 大さじ1

【大根を煮る時の調味料】
●水 50cc
●酒 50cc
●薄口しょうゆ 50cc
●ごま油 大さじ1/2

1　お米を炊く準備をする

米は水が透明になるまでよくとぎ、ざるに上げて30分ぐらい置く（洗い米を作る）。
その後、土鍋に米2合と米用調味料を入れてざっと混ぜ、30分以上置く。

※洗い米とは、といだ米をざるに上げておくこと。こうすることで水やだし汁の浸透が良くなる。

2 ホタテと大根の下ごしらえをする

大根の葉は小口切りにし、ゆでて冷水に取る。※硬いので少し長めにゆでる。

大根はいちょう切りにし、ごま油でしんなりするまで炒める。
【大根を煮る時の調味料】の水、酒、しょうゆを加え約５分煮詰める。
※ごま油は直接土鍋に入れず、大根を炒める際に使う。

ホタテは一口サイズに切り、しょうゆ･酒（同量）にさっとくぐらせ、ざるに上げておく。

3 ご飯を炊く

土鍋にホタテと大根、昆布をのせて火にかける。
最初は強火、吹き上がったら弱火にして15分。
仕上げに数秒間強火にして水気を飛ばし、香ばしさを出す。
すぐにふたを取らず、10分蒸らす。

昆布を取り、大根の葉をざっくりと混ぜて盛り付ける。

No.8

焼きなすの赤出汁椀

店主　山下英児

香ばしさが残り、とろけるような焼きなす。少々のからしが味を引き締めてくれます。
おいしいおだしとおみその香りに、心から癒されるお味です

材料（4 人分）

- ●なす 4 本（1 本70～80gのもの）
- ●かつおだし 400cc
- ●赤出汁みそ 20～30g
- ●からし 少々

1　なすを焼く

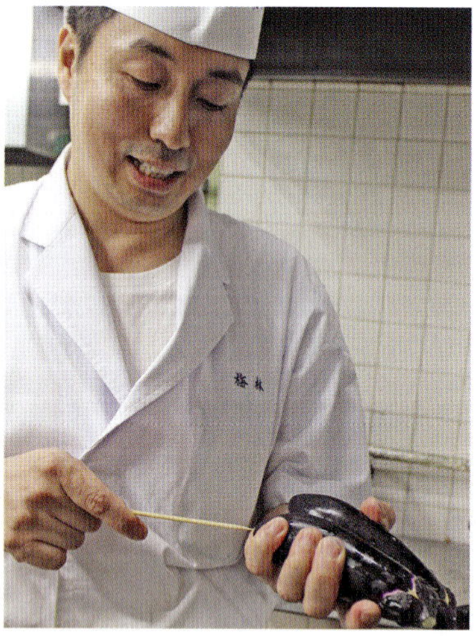

なすのおしりからへたの方まで、串を突き刺して抜く。
包丁で切り込みなどを入れなくても、破裂せずに焼くことができ、皮もかんたんにむける。網の上になすをのせ、直火で皮が黒く焦げるまで焼く。
※魚焼きグリルの場合、強火で10分程度焼く。

焼けたら冷水に取り、皮をむく。へたを取り半分に切る。

2　なすを煮て、みそを溶く

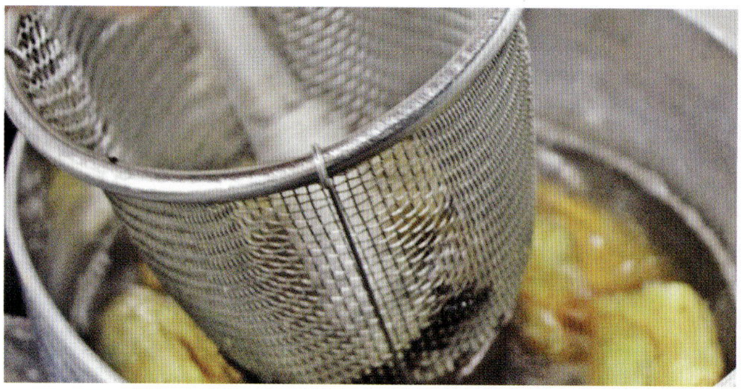

なすをかつおだしに入れ、火にかける。 沸いてきたらあくを取りながら弱火で 1 ～ 2 分。赤出汁みそを溶く。
椀に盛り、風味付けにお湯で溶いたからしを少々のせて出来上がり。
※からしの溶き方は、お湯（約40℃）で溶きラップをして蒸らす。 こうすると、辛さだけではなく香りが引き立つ。

シェフのひとこと

05

日本料理 梅林
三代目店主　山下 英児

今回のレシピについて

「今日の夕飯は何にしよう」と考えるのが主婦（主夫）の一日の大きな仕事だと思います。

昨日は外食で食べ過ぎたから、今夜はあまり重たくないもので、さっぱりと食べたい。でも満腹感もほしい。お肉も食べたい。このような時にお勧めの献立です。

調理工程も少なく、ご飯、汁物と主菜が出来上がります。レシピでは少しこだわって作りたい方のために、ご飯を土鍋で炊いていますが、もちろん、電気炊飯器でも大丈夫です。

逆にもっとこだわりたい方は、汁物の出汁を昆布とかつお節でとることにチャレンジしていただくと、出汁のきいた料理屋の本格的な赤出汁椀が楽しめます。

世界に誇る「和食」

二〇一三年十二月、「和食――日本人の伝統的な食文化」がユネスコ無形文化遺産に登録されました。世界的にも和食への関心が高まっています。この和食の特徴は大きく四つにまとめられます。

それは「うま味を中心に構成されたバランスの良い料理」「四季の移り変わりを感じられる料理」「豊富な海・山・里の食材の持ち味を尊重する料理」「年中行事との密接な関わり」です。

海外の多くの料理が「油と香辛料」で構成されているのに対し、和食は「水と発酵調味料」で構成されています。そして味の基本である「塩味・甘味・酸味・苦味・うま味」の中で、特に「うま味」に重点を置いているのが和食です。

日本に住んでいると当たり前のように感じてしまいますが、この南北に長い国土によって地域に根差した多様な食材と四季の移ろいによる、季節感のある食材を享受できます。特に海の幸の豊富さは世界でも一番だと思います。

一般的に日本の国土は小さいと思われがちですが、海岸線の長さはアメリカやオーストラリアよりも上位の世界で六番目なのです。そしてその海は暖流と寒流が交差することで、多種多様な魚が世界中から集まり、大陸棚と豊かで多くの内湾は、蟹をはじめ多くの海の生物の生育の場となっています。

この日本の地理的特徴と優位性を料理に生かし、素晴らしい食文化を築いてきた先人たちに感謝です。

横浜への想い

世界の中で日本の漁場がさまざまな要因で恵まれているように、日本の中の横浜も恵まれた地域だと言えます。東京都心に近接し、開港以来、海外との窓口・接点の役目を果たしてきた独特の雰囲気と街並みを持つ国際都市であり、海外の食文化にも早くから接し、中華街や西洋料理も発展しています。

私はこの横浜で生まれ育ち、祖父の代からの和食店を営んでいますので、この横浜で先人の築いてきた素晴らしい和食という食文化をさらに発展させる一員でありたいと思っています。

栄養士のちょっとひといき

その5

今回は豚ひれ肉とわけぎを酢みそでさっぱり食べるおかずに、ホタテと大根がたっぷり入った炊き込みご飯と焼きなすの赤出汁椀のご紹介です。この3品で十分なごちそう献立になり、おもてなしにもピッタリです。
大根は秋から冬にかけて甘味が増し、格段においしくなります。また大根は上のほうが甘く、下にいくほど辛みが強くなります。上はサラダ、中はどは煮物、下は人根おろしなど、調理方法に応じて使い分けるとよいでしょう。

● 今回使用した材料の栄養ひとくちメモ

豚肉は疲労の回復に深くかかわるビタミンB_1（チアミン）を豊富に含みます。特にひれ肉は高タンパク、低脂肪であるだけでなく、ビタミンB_1含有量は食品の中でもトップクラスです。また、玄米や胚芽米、全粒粉小麦など、精製度の低い穀類にもビタミンB_1が多く含まれています。
ビタミンB_1は、主要なエネルギー源である糖質がエネルギーとして体内に取り込まれる過程で重要な働きをします。不足すると糖質の代謝がうまくいかず、体内に乳酸などの疲労物質がたまります。アルコールの分解にも不可欠です。慢性的に不足すると、脚気《かっけ》などの病気につながる可能性があります。そのビタミンB_1の吸収を高めてくれるのがアリシンという物質で、ねぎ類やニラ、ニンニクなどに多く含まれています。

◆ ビタミンB_1を多く含むおもな食品（100g あたり：単位 mg）

食品名	ビタミンB_1含有量	食品名	ビタミンB_1含有量	食品名	ビタミンB_1含有量
豚ひれ肉	1.32	豚もも肉	0.90	豚ロース肉	0.69
ボンレスハム	0.90	うなぎかば焼き	0.75	たらこ	0.71
玄米	0.41	はいが精米	0.23	全粒粉 強力粉	0.34

参考：日本食品成分表 2018 七訂より

大根の「根」の部分は約95％が水分で、アミラーゼ（ジアスターゼ）などの消化酵素が豊富に含まれています。これらの酵素は胃腸の働きを助けて消化を促します。
「葉」は立派な緑黄色野菜です。β―カロテンやビタミンCなどの各種ビタミン、カルシウムやカリウムなどのミネラル、食物繊維などを多く含みます。葉付きが手に入ったら捨てずにぜひ活用してください。

● 旬の食材のすすめ

他の時期よりも新鮮でおいしく食べられる時期を「旬」といいます。
最近は通年出回る食材が増え旬が分かりにくくなってきましたが、旬の食材を使った料理はおいしさも格別です。また、味がよいだけでなく
体に優しい…栄養価が高く、その時期の体調を整えるために必要な栄養素がたっぷり詰まっています。
家計に優しい…１年の中で収穫量が最も多くなるので、価格が安く、安定しています。
環境に優しい…それぞれの野菜にあった気候で作れるので、農薬や化学肥料、燃料も少なくてすみます。
「旬のもの」を料理に上手に取り入れながら、自然の恵みや四季の変化を感じてみましょう。

● 塩分を減らす必要があるかたは…

・豚肉を漬け込む漬け汁のしょうゆを半分にすると → －0.3g
・大根を煮る調味料のしょうゆを半分にすると → －0.4g
・赤出汁椀のみそを20gにすると → －0.2g
になります。（いずれも１人分あたりの減塩量）

パスタもメインも同時に完成。
かんたん楽しい！ 華やかイタリアン

手打ちパスタに挑戦！
いろいろなお肉のトマト煮込み

手打ちパスタの１人分栄養量

	1/8 量	1/10 量
エネルギー	229 kcal	183 kcal
たんぱく質	7.3 g	5.9 g
脂質	1.1 g	0.9 g
炭水化物	44.8 g	35.8 g
食塩相当量	0.1 g	0.1 g

いろいろなお肉のトマト煮込みの１人分栄養量

	全量	肉を 1/2 量
エネルギー	570 kcal	340 kcal
たんぱく質	24.0 g	13.5 g
脂質	45.7 g	25.8 g
炭水化物	13.0 g	12.8 g
食塩相当量	1.9 g	1.8 g

料理長　新井 大介

No.9

手打ちパスタに挑戦！

料理長　新井 大介

パスタマシンがなくても、もちもち食感のパスタがご自宅で作れます。
成形は指先で OK。お子様でもかんたん！冷凍保存もできる、万能なパスタです

材料（8〜9人分）※こねやすい分量

●強力粉 375 g
●デュラムセモリナ粉 125 g
※いずれもふるっておく。

●水 250cc
●塩 ひとつまみ
●打ち粉 適量
※セモリナ粉でも強力粉でもよい。

※デュラムセモリナ粉とは？
デュラム小麦という種類のものから作られた小麦粉。コシがあり、パスタによく使われる。
デパートやインターネットなどで手に入る。

1　生地をこねる

強力粉とセモリナ粉、塩をボウルに入れ、水を少しずつ加えながら、ひとまとまりになるまでこねる。
水を入れすぎないように注意する。※水分調整は霧吹きを使ってする。

2 成形をする

ボウルから出し、台の上で力強くこねる。表面が滑らかになってきたら丸く整える。
ラップで包み、冷蔵庫で30分以上休ませる。※一晩寝かせると、より良い食感のパスタになる。

休ませた生地を取り出す。
台や手につかないよう打ち粉をしながら、麺棒などで指の高さ（約１cm）の厚みにのばす。

乾燥防止のためラップをしながら作業をする。
打ち粉をして、包丁やスケッパーなどで、指の幅（約１cm）のひも状にカットする。

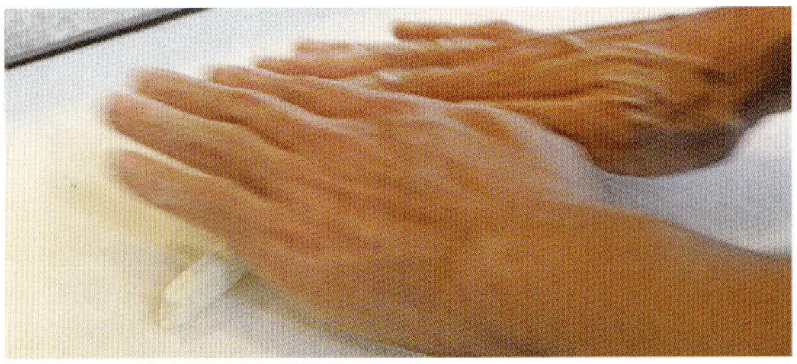

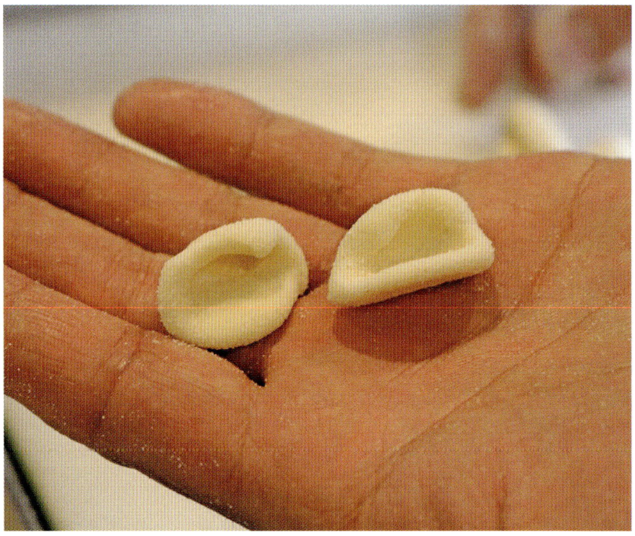

軽く転がした後、ナイフで１cm幅にカットする。親指を使って向こう側へ押し出すようにつぶし、写真のように成形する。できたら、打ち粉をしてバットの上に広げておく。

3 パスタをゆでる

沸騰したお湯に１％程度の塩（分量外）を加え、５分下ゆでする。
※ソースとからめる際に再度ゆでるので、ゆですぎないようにする。
キッチンペーパーを敷いたバットの上にあけ水気を切り、常温で冷ます。

パスタの形のバリエーション

人差し指と中指で押しつぶして

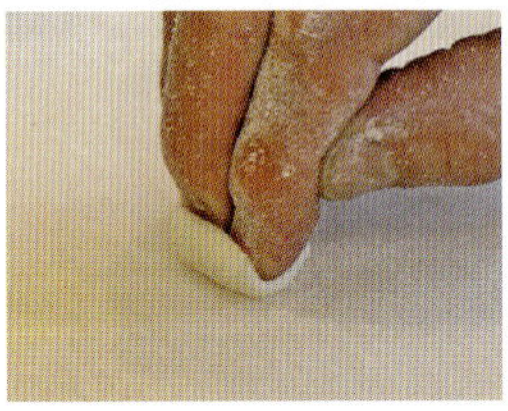

専用の器具を使って

多少不格好でも大丈夫！ぜひ楽しみながらお好きな形に作ってみてください。
「ショートパスタ 成形」で検索するといろいろなパスタがあるので参考に。

生パスタの保存の仕方

下ゆでしたパスタは、オリーブオイルをからめてラップに広げて冷凍すると、１週間くらいは保存がきく。

使う時は、凍ったまま軽くゆでる。

No.10

いろいろなお肉のトマト煮込み

料理長　新井 大介

お好きなお肉を炒めて煮込むだけ。手順はシンプル、味わいは本格的。
柔らかく煮たお肉はメインに。煮詰めたソースはパスタにからめると絶品

材料（4人分）

●豚バラブロック肉 300g
●鶏手羽元 4本
●ソーセージ（あれば生）4本
※大きいものなら2本にする。生がない場合はプレーンなものが良い。

●玉ねぎ 1個
●にんじん 1/2本
●セロリ 1本
●ニンニク 2片

●赤ワイン 300cc
●トマトホール缶1缶（約400g）
※ダイス缶でもよい。
●水 適量
●オリーブオイル（炒め用）適量
●フレッシュローズマリー 適量
●塩・こしょう・粉チーズ・イタリアンパセリ 各少々

1　肉と野菜を炒める

野菜はみじん切りにする。
鍋にオリーブオイルを入れ、中火で5分ほど炒める。

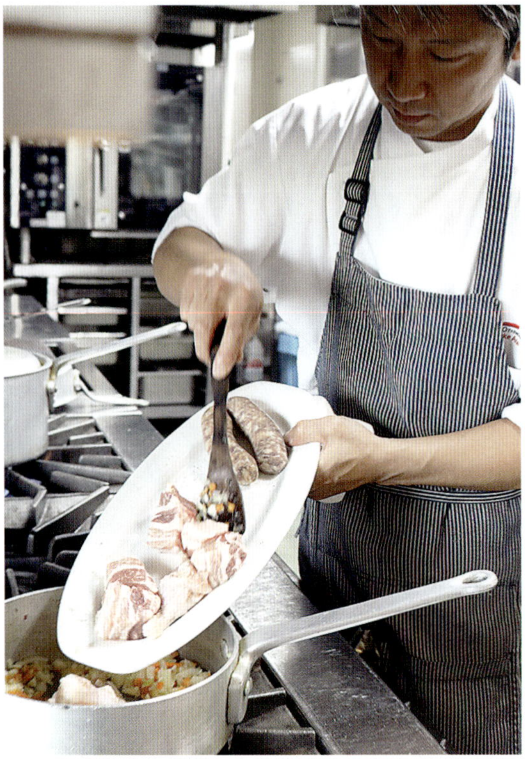

豚バラ肉と鶏手羽元に塩・こしょうをし、ソーセージも鍋に入れる。肉の表面の色が変わるまで強火で炒め合わせる。

2 赤ワインとトマトを加えて煮込む

赤ワインを加え、半量になるまで強火で煮詰める。

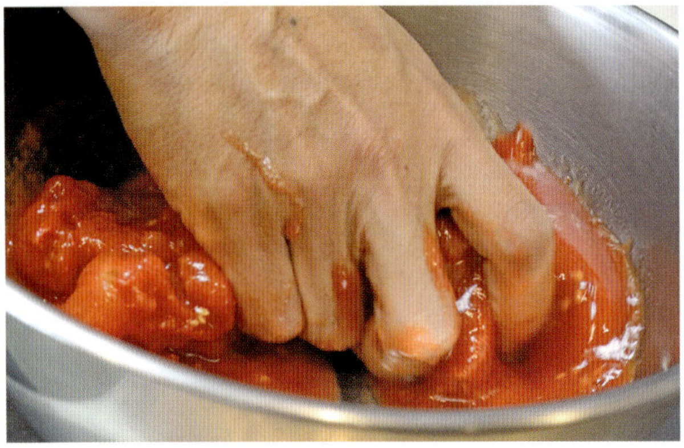

トマト缶を手でつぶしてから加える。

沸騰したら弱火にしてふたをし、約30分煮込む。
※途中10分おきくらいに肉を返したり、煮詰まり具合を見る。

肉に串がスッと刺されば出来上がり。肉はお皿へ盛り付け、ソースはフライパンなどへ移す。

3 パスタを仕上げる

パスタの仕上げをする。下ゆでしておいたパスタを再度ゆで、浮き上がったらざる等ですくう。
パスタとソースを火にかけながら混ぜ、少し煮詰める。

粉チーズとイタリアンパセリを添えて出来上がり。
Buon appetito ！

シェフのひとこと

06

株式会社ティーズ　代表取締役社長
リストランテ アッティモ オーナー　福山　哲郎

今回のレシピについて

肉をトマトと香草野菜で煮込んだ料理をメインに、そのソースと手打ち生パスタをからめた、庶民風南イタリア料理「cucina povera《クッチーナ・ポーヴェラ》」の一品をご紹介させていただきました。

お野菜を切ったり、パスタをこね成形したり、ぜひお子様と一緒に楽しく作ってみてください。

洋食のルーツ「横濱」

一八五八（安政五）年の日米修好通商条約の締結によって、箱館・新潟・横浜・神戸・長崎の五つが開港地となり、外国人居留地が設けられました。その中で「横濱」は江戸に近いということもあって、居留地が最も大きく、山下町を中心とした山下居留地や山手居留地がありました。

その影響でホテル、レストラン、教会、洋館などの西洋風の街並み、さらに「食」も西洋文化の流入がとても多かったと言われています。「食」は調理技術だけでなく、食材も同様に、レタス、キャベツ、カリフラワーなど今では当たり前にある西洋野菜の栽培方法（※参照）までもが流入するようになりました。

そのような環境のなか、多くの日本人が外国人の作る本物の西洋料理を「横濱」の外国人ホテルで学ぶ機会を持つようになりました。そこで学んだ調理手法は「横濱」の枠を越えて、現在も脈々と受け継がれています。

※地元ヨコハマでとれた農畜産物を食べよう「横濱開港菜」（横浜市環境創造局）

温故知新で「横濱」らしく

今回イタリア料理をご紹介させていただきましたが、イタリア料理も日本と同様、各地方の特色・素材を生かした料理がたくさんあります。

また、調理方法がシンプルなものが多いのですが、一つ一つの調理工程には奥深さがあり、その点も日本料理に似ていると思います。

「横濱」の「食」は時空を超え、「横濱」らしく多様性のある進化をし続けています。

これからも培われた伝統や文化を大切に、自分らしい料理をたくさんの方々へ伝えていきたいと思います。

リストランテ・アッティモ
料理長　新井　大介

イタリア料理への想い

イタリア料理は地方料理の集合体と言われております。日本と同様、南北に長い国イタリア。日本各地の風土、気候、習慣、郷土料理が違うように、イタリアでもその土地独特の食文化があり、そのほとんどが素材ありきの料理です。私はそんなシンプルかつ奥の深いイタリア料理をたくさんの方に伝えていきたいです。

さて、私がイタリア料理の世界に入ったきっかけは、洋食屋での修業時代、先輩から「フレンチやイタリアンの専門職をやった方がいいよ！」とアドバイスを受けたことでした。そこで私はただ「パスタが好き」という理由だけで単身イタリアに飛びました。北から南まで食べ歩き、各地方の食習慣や文化・歴史に触れ、ますますイタリアを好きになりました。

帰国後、当時東京で一番人気があったイタリアンレストランの門をたたき、いろいろな勉強をさせていただきました。気が付けば既に二十年。まだまだ知らないことや感動することがたくさんあり、終わりの無い追求が続くことでしょう。

栄養士のちょっとひといき

その６

今回の料理はパーティーにもピッタリな、家庭でも手軽に作れるモチモチした食感が最高の手打ちショートパスタと、鍋ひとつでメインディッシュとパスタソースが同時に出来上がる、「いろいろなお肉のトマト煮込み」です。
ご紹介のパスタは「耳たぶ」という意味を持つオレッキエッテという種類です。このソースに合わせるパスタは他に、小さく切った生地を指で押して手前にクルリと巻いて作るカヴァティエッリ（カヴァテッリ）や、円錐細長形の貝の形をしたコンキリオーネなどもお勧めです。成形はお子様でも楽しくお手伝いできます。お休みの日に一緒に作ってみてはいかがでしょう。

● 今回使用した材料の栄養ひとくちメモ

小麦は世界で最も生産量の多い穀物で、世界の半数近くの人々の主食になっています。日本でも弥生時代には既に栽培されていたことが分かっています。
小麦を製粉した小麦粉は、含まれるたんぱく質の質と量により、強力粉・（準強力粉）・中力粉・薄力粉に分けられます。そして、小麦粉に水を加えてこねると、小麦のたんぱく質が粘りの強いグルテンになります。

グルテンとは…

小麦粉に含まれるたんぱく質の約85％を占めているグルテニン（弾力に富むが伸びにくい）とグリアジン（弾力は弱いが粘着力が強く伸びやすい）は、水を媒介として結びつくと、両方の性質を適度に兼ね備えたグルテンという物質になります。

デュラムセモリナとは…

デュラムセモリナ粉は、通常の小麦とは異なる、超硬質で黄色いデュラム種の小麦から作る粉で「デュラム小麦の粗挽き粉」という意味があります。グルテン量は多いのですが、その質は強力粉とは異なり、パスタ専用に使用されます。

◆ 小麦粉の種類別特徴と用途

	強力粉	中力粉	薄力粉
原料小麦の種類	硬質小麦	中間質小麦・軟質小麦	軟質小麦
グルテンの量	多い	→→→→→→→	少ない
グルテンの性質	弾力が強くよく伸びる	→→→→→→→	弾力が弱い
おもな用途	パン、中華めんなど	うどんなど	クッキー、ケーキ、天ぷらなど

● 今回のメニューをエネルギー調整するには…

パスタと肉の量で調整してみましょう。レシピで提示した分量の…

パスタを１/ ８ 量と肉１人分全部食べると **799kcal**
パスタを１/10 量にし肉１人分だと **753kcal**
パスタは１/ ８ 量で肉を半量だけ食べると **569kcal**
パスタは１/10 量で肉を半量だと **523kcal** になります。

自分に適した量に調整し、温野菜または野菜たっぷりのスープなどを添えれば、700kcal 未満で塩分３ｇ未満の献立にすることもできます。
豚肉はバラ肉以外に肩ロース肉などでもおいしく出来上がりますが、脂肪の多い部位を使用した方が、煮込んだとき肉は軟らかく、ソースもおいしく出来上がります。

7 ウィンドジャマー

野菜が主役！名人に教わる絶品ピクルス

料理長　福士 誠

いろいろな野菜のピクルス

いろいろな野菜のピクルスの１人分栄養量

	1/4 量	1/24 量
エネルギー	99 kcal	17 kcal
たんぱく質	1.8 g	0.3 g
脂質	0.3 g	0.05 g
炭水化物	22.4 g	3.7 g
食塩相当量	2.4 g	0.4 g

No.11

いろいろな野菜のピクルス

料理長　福士 誠

福士シェフのピクルスは、まろやかな酸味とスパイスで後を引くおいしさ。
野菜は1種類でもOK。お好きなお野菜で作ってみてください

材料（4人分）

- ●ペコロス（小玉ねぎ）4個
- ●ニンニク 1片
- ●カリフラワー 1/6個
- ●姫にんじん 4本
- ●エシャレット 4本
- ●大根 1/5本
- ●モロキュー（ミニきゅうり）4本
- ●かぶ 1個
- ●セロリ 1本
- ●パプリカ（赤）1/2個
- ●パプリカ（黄）1/2個
- ●塩 適量

1 香味（香り付け）野菜の下ごしらえ

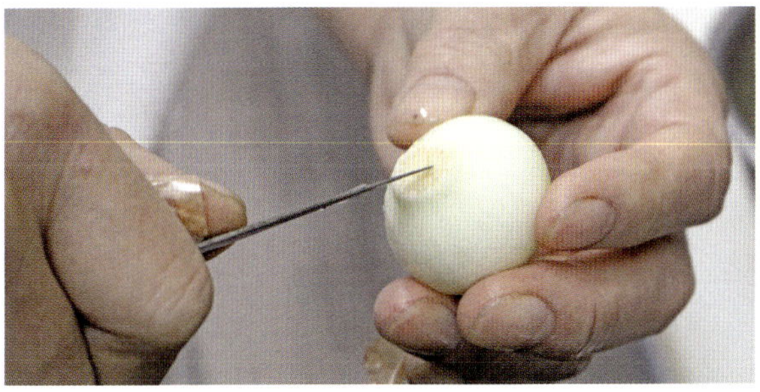

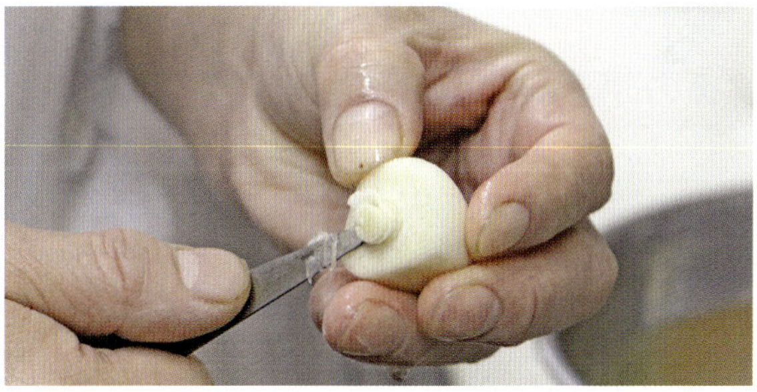

ペコロス（小玉ねぎ）
芯を残して根を切り、皮をむく。※葉の側を切り、10～15分ぬるま湯につけると皮がむきやすい。

皮をむいた後、根の部分に十字の隠し包丁を入れる（漬かりやすくするため）。
※普通の玉ねぎを使う場合は、約1㎝の輪切りにする。

ニンニク
根の部分を少し切り落とす。皮をむき、芯の部分を取り除く。
※ 10～15分ぬるま湯につけると芯を取り出しやすい。

【硬い野菜】 カリフラワー、姫にんじん、エシャレット

【普通の硬さの野菜】 大根、きゅうり、かぶ

【柔らかい野菜】 セロリ、パプリカ

野菜の種類により、塩の漬かる早さ(時間)が異なるため、硬い野菜から先に下ごしらえをして、塩を振る。

2 硬い野菜の下ごしらえ

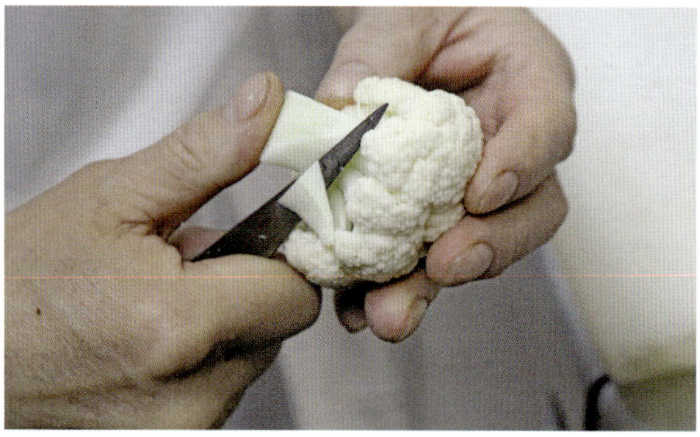

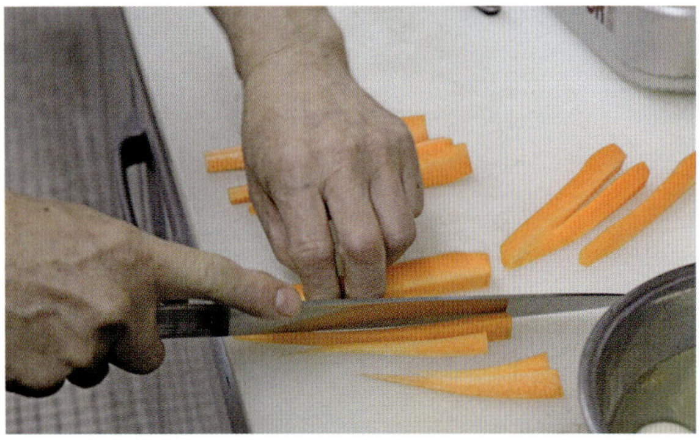

カリフラワー 芯の部分はくり抜くようにして取り除く。
食べやすい大きさに分け、柄の部分の先端を包丁で整える。

姫にんじん 皮むき器で、くまなく皮をむく。

※普通のにんじんを使う場合は、皮をむき、上下を切り落とす。縦に２等分し、さらにそれぞれを縦に３～４等分（合計６～８切れ）にする。芯の部分を少しそぎ落とし、形を整える。

エシャレット 根のついている側を少し切り落とす。

下ごしらえが終わった野菜は、ボウルに入れ、塩を振っておく。

3 普通の硬さの野菜の下ごしらえ

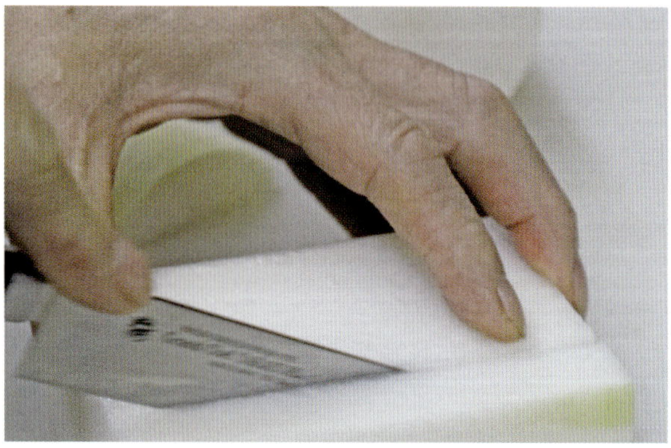

大根 ヒゲのある部分に沿って皮むき器で皮をむく。葉の側を使う場合は、青い部分の皮を取り除く。
縦にして４等分し、さらにそれぞれを縦に４等分し、棒状にする（合計16切れ）。

ミニきゅうり、普通のきゅうり　両側の先端を少し切り落とす。
へたの側はアクがあるので面取りの要領で少し皮をむく。皮むき器でトゲを取る。

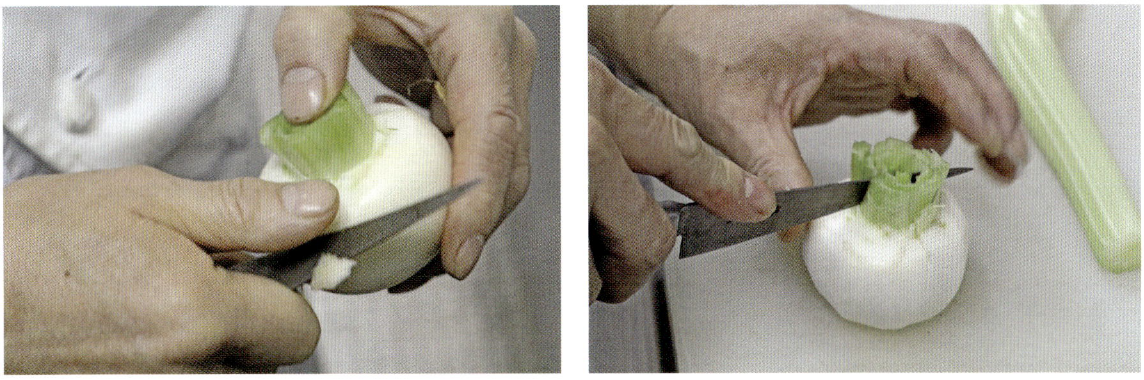

かぶ　茎を２～３㎝残し、葉を切り落とす。茎の周りの皮の硬い部分をむき、縦４等分にする。
茎の下に土などが入っていることがあるので、水でよく洗う。

4　柔らかい野菜の下ごしらえ

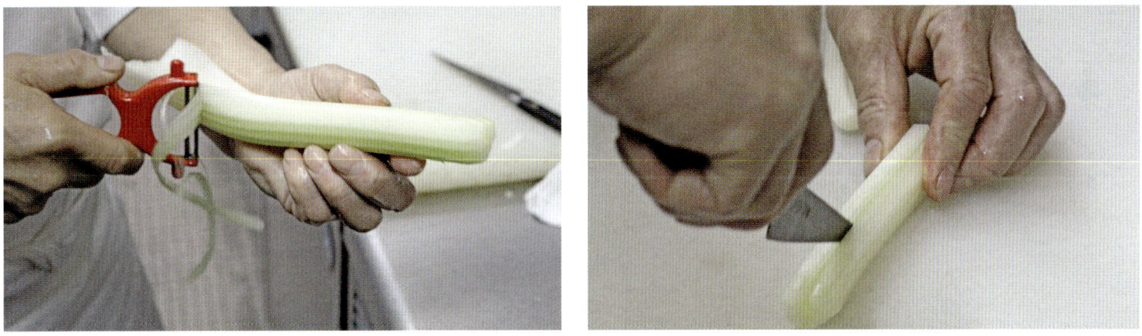

セロリ　スジを皮むき器（またはペティナイフ）でむき、手のひらの長さくらいに切る。
幅の広い部分は縦に２～３等分する。

パプリカ　縦半分に切り、へたの部分を切り取る、半分にしたものをさらに４等分にする（16等分）。
白い部分を切りとる（えぐみを出さないため）。

切った野菜は水で手早く洗い、水をよく切ったあとボウルかバットに入れ、塩を振る。２～３時間たったらざるなどにあけ水気を切る。

5 ソミュール液（漬け液）を作り、野菜を漬け込む

ソミュール液の材料

【A】
- ●白ワイン酢（ビネガー）600cc
- ●水 300cc
- ●上白糖 165ｇ
- ●塩 35ｇ

【B】
- ●ローリエ１枚
- ●タカの爪１本
- ●粒こしょう５～７粒

①Ｂをキッチンペーパーなどにくるみ、タコ糸などで縛る（お茶用のパックなどでも可）。

②Ａを鍋またはポットに入れてやや弱火でゆっくり加熱する（強火にすると鍋の淵に付着したソミュール液が焦げるため）。
途中、小さい泡が出てきた頃に一度よくかき回す（砂糖をよく溶かして焦げを防ぐ）。

③沸騰する少し前にＢと、香味野菜（ペコロス、ニンニク）を入れる。そのまま弱火で煮続ける。

④香味野菜に、ある程度硬さが残った状態で火を止める。Ｂと香味野菜を引き上げてタッパーかバットに入れて冷ます（余熱で火が通る）。

⑤ソミュール液をキッチンペーパーなどでこして冷ます。

⑥野菜とソミュール液の両方が冷めてから、タッパーや熱湯消毒した瓶などに全ての野菜を入れ、ソミュール液を注いで漬け込む。

２～３日冷蔵庫に入れて出来上がり。７日間くらいはおいしく食べられる。

6 カットして盛り付ける

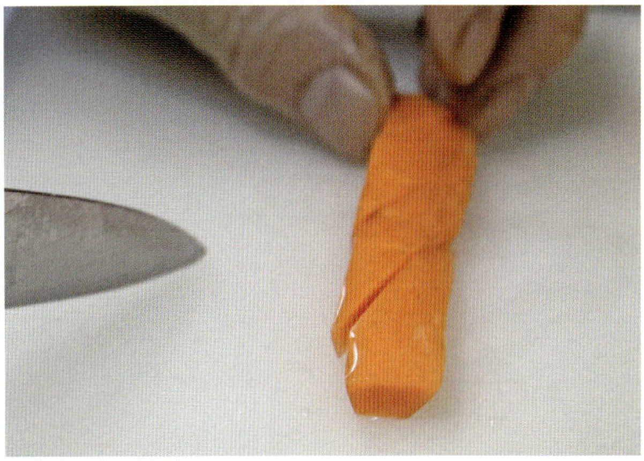

それぞれ、食べやすい大きさに斜めに切る。
ニンニクは３㎜程度の薄切りに。

見栄えがするよう、高く、立体感を出すように盛り付ける。

※漬け込むときにエストラゴンを１～２本入れても、風味がよくなる。

※トマトを漬けてもおいしい。ミニトマトは楊枝で皮に穴を開けてから漬け込む。トマトは液が濁るため、他の野菜と一緒にせず、単品で漬け込んだほうがよい。

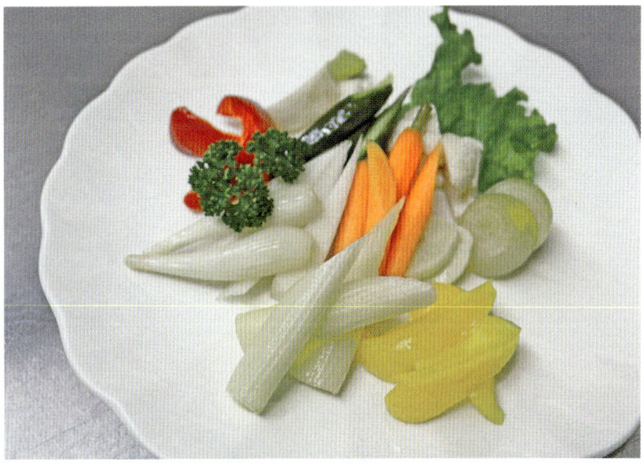

シェフのひとこと

07

ウィンドジャマー
料理長　福士　誠

横浜の底力

横浜開港百五十周年を間近にひかえた頃の事です。横浜の調理に関わる方々の間で、「皆で一致団結して何か一つを創りあげよう」という想いがありました。

ただその頃は、レストランとホテルとはあまり交流がなく、さらに和食、中華、ソムリエ、バーテンダー、パティシエの方々とも関わりがない状況でした。

いろいろと苦労はありましたが、皆さん「横浜の未来を考えて」と強く想う気持ちは同じだったので、ジャンルを超えて協力し合い、素晴らしいイベントを創りあげることができました。

大人の方向けには「150周年記念饗応の膳・三渓園」というイベントを開催しました（ペリー提督らをもてなした本膳料理を現代版にアレンジした料理を提供）。

またお子さん向けには給食の監修をしました。お子さんに対しては、以前から食育活動など、食材の栽培も含めた食の大切さや横浜の素晴らしさを伝えてきましたが、そのさらなる必要性を感じたため、「横浜ガストロノミ協議会」の発足に尽力しました。

現在も協議会のメンバーと定期的に小学校へ足を運び、学校の先生方や関係各部署と連携し、それぞれの色を出し合った食育活動を行っています。

このように独創的な活動が続けられるのは、土壌（地元愛）があったからこそ、そして横浜だからこそ、だと思っています。

若い世代に伝えたいこと

私が若い頃の料理本は、料理名があって作り方は文字だけでした。具体的な写真は載っていなかったのです。みんな文字を参考に想像（創造）力をふくらませて、先輩からたたかれながら、教わりながら料理を作っていた時代だったのです。

今は写真や動画まで見ることができる大変便利な時代ですが、それを見て料理を作ると、「見たまま」のものしか作れなくなってしまう。お店を食べ歩いたり、講習会に行ったり…感性を磨いて、独創性を持たないといけません。

昔、先輩から怒られたことは今でも鮮明に覚えています。今はにっこり笑いながら教えないといけない…それでは同じような料理人になってしまいます。

若い頃は失敗して恥をかくこと。失敗を積み重ね、覚え、その経験の中から工夫をして、自分だけの料理を創っていってほしいと強く思っています。

栄養士のちょっとひといき

その7

ピクルスは日本では主に「香辛料などで調味した酢に漬けた西洋風の漬物」のことをいいます。作っておくと、漬物代わりに、サラダ代わりに、酢の物代わりにと、洋風料理にも和風料理にも合わせられ、いろいろな野菜を手軽に食べられます。
レシピの量は１人分が150gから200gとたっぷりあります。漬け込んでから冷蔵庫で１週間くらいはおいしく食べられますので、何回かに分けて食べてもよいでしょう。

● 今回使用した材料の栄養ひとくちメモ

酢には穀物や果物に麹菌や酢酸菌を加えて発酵させた醸造酢と、酢酸を水で薄めてアミノ酸などを加えた合成酢に大別できますが、合成酢は風味が劣ります。現在料理に使われている酢のほとんどは醸造酢です。醸造酢は原料や製造方法により、穀物酢・米酢・りんご酢・ぶどう酢・黒酢などたくさんの種類があり、それぞれに異なる味わいがあります。好みや料理に応じて使い分けてください。

調理上の効果

酢は料理に酸味やコクを与えるだけでなく、さまざまな効果を持っています。
・料理の油っこさをやわらげ、さっぱりおいしく食べられます。
・塩分を控えてもおいしく食べられます。
・肉を柔らかくしたり、魚の臭みを取ることができます。
・防腐・殺菌効果があり、食べ物を傷みにくくします。

健康効果（効果には個人差があります）

酸味のもととなる酢酸やクエン酸などの有機酸には、疲労回復や食欲増進など多くの健康効果が報告されています。
・クエン酸には、摂取した食物を体内でエネルギーに変えるときにたまった老廃物を排出させたり、疲労の原因物質になる乳酸の生成を抑えたりする働きがあります。
・カルシウムなどのミネラルの吸収を促進します。
ほかにも継続して摂取することで、内臓脂肪の減少、高血圧の血圧低下、血糖値の上昇抑制、便通の改善、美肌効果などの報告もあります。

◆ おもな漬物・つくだ煮の塩分相当量

	種類	塩分濃度（%）	１食分の量（g）	食塩相当量（g）
きゅうり	ピクルススイート型	1.1	30	0.3
	塩漬	2.5	30	0.8
かぶ	ぬかみそ漬	2.2	30	0.7
	塩漬	2.8	30	0.8
だいこん	たくあん漬（干しだいこん）	2.5	30	0.8
	べったら漬	3.0	30	0.9
なす	ぬかみそ漬	2.5	30	0.8
	しば漬	4.1	20	0.8
はくさい	塩漬	2.3	30	0.7
	キムチ	2.2	30	0.7
らっきょう	甘酢漬	2.2	20	0.4
昆布	つくだ煮	7.4	10	0.7
海苔	つくだ煮	5.8	10	0.6

参考：日本食品成分表 2018 七訂より計算

8 ホテルモントレ横浜 日本料理 随縁亭

暑い日に野菜たっぷりの
和食の薬膳で熱を追い出す！

料理長　松﨑 英司

トウモロコシと新ショウガの炊き込みご飯
スズキの塩焼きの夏野菜掛け

トウモロコシと新ショウガの炊き込みご飯の１人分栄養量

エネルギー	285 kcal
たんぱく質	5.4 g
脂質	1.6 g
炭水化物	59.7 g
食塩相当量	0.6 g

スズキの塩焼きの夏野菜掛けの１人分栄養量

	野菜のソースを全量食べた場合	野菜のソースを1/2量食べた場合
エネルギー	135 kcal	92 kcal
たんぱく質	10.8 g	9.4 g
脂質	3.7 g	2.7 g
炭水化物	15.2 g	7.6 g
食塩相当量	1.1 g	0.6 g

新ショウガの炊き込みご飯と、スズキの塩焼きの夏野菜掛けを両方食べたときの１人分栄養量

	野菜のソースを全量食べた場合	野菜のソースを1/2量食べた場合
エネルギー	420 kcal	377 kcal
たんぱく質	16.2 g	14.8 g
脂質	5.3 g	4.3 g
炭水化物	74.9 g	67.3 g
食塩相当量	1.7 g	1.2 g

No.12

トウモロコシと新ショウガの炊き込みご飯

料理長　松﨑 英司

ショウガは一晩水に漬けることで辛味が消え、爽やかな風味が残ります。
トウモロコシのみずみずしい甘味と、ショウガの香りが暑さを忘れさせてくれます

材料（4 人分）

●米２合（280g）
●トウモロコシ 1/2 本
●新ショウガ 60g
●昆布　5g
●塩　2g
●薄口しょうゆ　小さじ 1/2
●酒小さじ 1/2
●サラダ油　小さじ 1/2（つや出し用）
●蓼（たで）の葉　８枚（飾り用）

1　下ごしらえをする

新ショウガは５㎜角に切り、沸騰した湯に入れ、ひと煮たちしたらざるなどにあげる。一晩水に漬けておく。

※ショウガの辛味を残したい場合は、一晩水に漬けずに、10分程度水でさらすだけでよい。

米は水が透明になるまでよくとぎ、30分以上水に漬けてからざるに上げる。こうすることで水やだし汁の浸透が良くなる。

2 トウモロコシの身をはずし、炊く

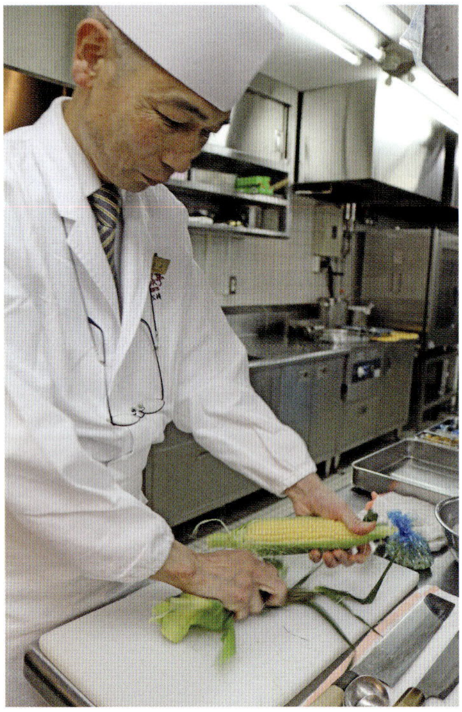

トウモロコシは皮をむき半分に切る。立てて、芯と実の間に包丁を入れてそぐように実をはずす。
よくほぐしておく。

炊飯器に米を入れて普通の水加減にする。
ショウガ、トウモロコシ、昆布、調味料を入れて
普通米のモードで炊く。

よく混ぜ、盛り付ける。
たでの葉があれば飾って出来上がり。

No.13

スズキの塩焼きの夏野菜掛け

料理長　松﨑 英司

決め手は西京みそとトマトピューレのソース。あっさりとしているのに深みがあり、お野菜がたっぷりいただけます。お肉にも合うソースです

材料（4 人分）

●スズキ 40g を 4 切れ
●なす 1/2 本
●きゅうり 1/2 本
●かぼちゃ（黄色い部分）80g
●ゴーヤ（ニガウリ）1/4 本
※ズッキーニで代用可能

●黄プチトマト 4 個
●トマトピューレ 180cc
●西京みそ 50g
※普通のみその場合、みそ 25g に小さじ 1 杯の砂糖を加えて使用する）

1　下ごしらえをする

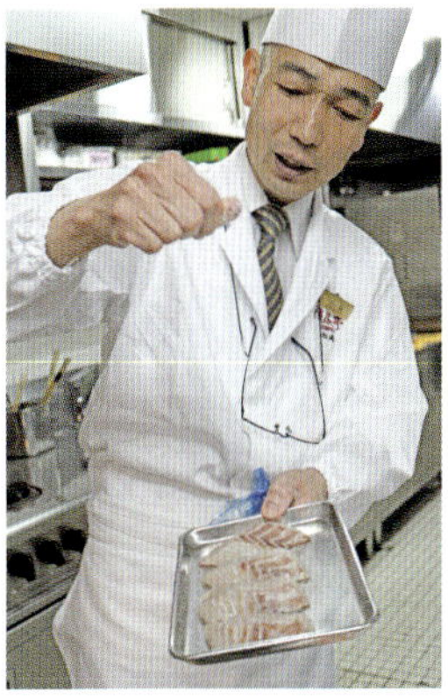

あらかじめ軽く塩を振ったバットにスズキを置き、さらに上から塩を振る。そのまま10分置く。
※塩を振るのは、身をしめて余分な水分をとり、臭みを除くため。

きゅうりは、切る前に塩を振り軽くなじませ（板ずりし）てから洗う。（色がよくなる）。
縦半分に切った後、写真のように斜めに包丁を入れる。1 cmの幅に切る。

ゴーヤ（ニガウリ）は横向きにおいて半分に切った後、縦半分に切る。
えぐみを残さないように中の白いワタをスプーンなどでしっかり取り除く。1 cm角に切る。

かぼちゃは半分に切り、皮をむく。スライスしてから、１cm角に切る。

なすは縦半分に切った後、写真のように斜めに切る。※きゅうりと同じ切り方。
プチトマトは４分の１に切る。

2 野菜に火を通す

きゅうり、ゴーヤ、かぼちゃは湯通しする。※火の通りが違うため、それぞれ別々にゆでる。

きゅうりとゴーヤは沸騰した湯に入れてひと煮たちしたらすぐに冷水に入れる。
かぼちゃは串がスッと通るまでゆで、すぐに冷水に入れる。

なすは油通しをする。油に入れ、串がスッと通るまで十分に火を通し、変色させないように氷水に入れる。全ての野菜はざるに上げて水を切っておく。

3 スズキを焼く

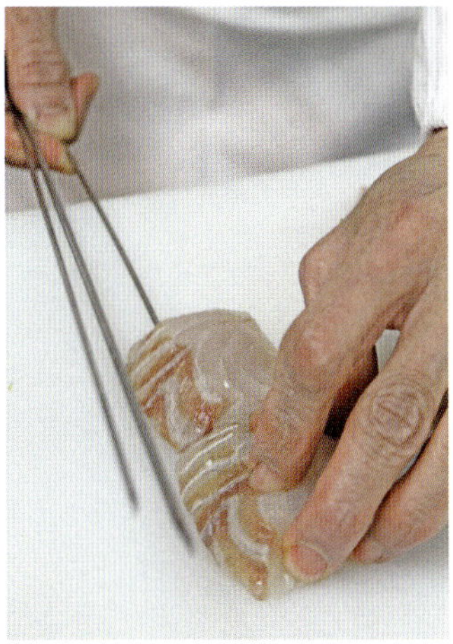

身が崩れるのを防ぐため、身の筋目に対してなるべく垂直になるように串打ちをする。
盛り付ける際に、上になる方を下にして焼く。※裏面から焼き、その後表を焼く。

焼き加減は裏面対表面が７対３の割合。透明な身が白くなってきた頃が半分火が通ったという目安。
その時点で火からあげ、余熱を利用して火を通すとパサつき感のない焼き上がりになる。

※ここでは金属の串を打ってから上火で焼く、プロの焼き方を紹介している。家庭では、魚焼きグリルで焼いたり、フライパンで蒸し焼きにしたり、お好みの調理法で魚に火を通すとよい。

4 ソースを作り、盛り付ける

西京みそにトマトピューレを入れ、よく混ぜてから野菜をあえる。
水分が出てしまうため、盛り付けの直前にあえるとよい。スズキの上にソースをかけて出来上がり。

※一般的にトマトは発酵食品（チーズなど）との相性が良い。ソースが余ったら、トーストの上にのせて焼いたり、パスタにあえてもおいしい。

シェフのひとこと

08

ホテル モントレ横浜
元総料理長　吉田 敏彦

「おいしい」が笑顔をつくる

お医者さんは病気を治すのが仕事。私たち料理人は、病気にならないように安心、安全なものを作り、提供し、召し上がってもらうのが仕事です。健康の手助けをする仕事でもあると思っています。笑顔があり、心も健康にならなければなりません。料理って一瞬で人を笑顔にすることができるんです。

今まで不機嫌だった人が、料理を一口、口に入れただけで「あ、おいしい」と笑顔になります。素敵な魔法ですよね。つまり、「おいしい」という言葉は健康の原点なのです。

素材の大切さ

今日の料理は、高級な魚ではなく、近場で取れる鱸《すずき》を使用しております。私が「横浜マイスター」として料理教室をする際に必ず話すのは、「近場の値段の安い魚を食べてください」ということです。

高級な魚、特に養殖の物。魚が病気にならないように、すぐ成長するように、と餌にいろいろな物を混ぜるそうです。それは私たちの体に良い物なのでしょうか？　考えさせられます。近場で取れる天然物は、一番安全で、一番おいしいはずです。

私も横浜は磯子で生まれ、海の近くで育ち、魚を釣っては食べていました。皆さん、横浜に自然の浜が今でも残っていることはご存知ですか？　近年は人工浜が多くなってきているのですが、金沢区の野島には、小さな自然の浜があります。近くでのりの養殖もしており、海の水は以前よりもきれいになってきている気がします。こんな自然を後世に残すのも、われわれ大人の仕事です。

食は命そのもの

小学校の食育授業の時は、おもに「家族で食事の機会を作り、会話をしてください」とお母さんに訴えます。食事の最中に、携帯電話を触っている子どもをよく見かけます。

命の大切さを伝えるのも、大切な仕事です。松﨑料理長が教える小学校の授業の一貫で「命の授業」というものがあります。生きている魚をさばいて料理に仕上げてゆく工程を子どもたちに見せるわけです。

最初は皆、「かわいそう」、「気持ち悪い」、「触りたくない」そう口にします。松﨑料理長は言います。「私たちは生きるためにこのお魚たちから命をいただいているんだよ。このお魚だってみんなに食べられるために今まで生きてきたんじゃないんだよ。海の中を泳ぎ回っていたいんだよ」

子どもたちは命の大切さを感じ、食に対する考え方が変わってゆきます。食は命そのもの。人の人生そのものと思っています。

日本料理　随縁亭
料理長　松﨑 英司

夏はとかく大量の熱を受けやすく、高体温になりやすい季節です。人の体には体温を一定に保つ機能が備わっており、脳の視床下部というところで体温を三七℃に設定し監視しています。体の中に熱がこもると自動車でいうラジエーターのように、皮膚にある毛細血管の拡張による放熱作用や発汗による気化熱によって体温を一定に保とうとします。もしその効果以上の熱を受けると熱はこもり、高体温になってしまいます。

東洋医学（漢方医学）には、古くから食材を「薬」と捉える考え方があります。いわゆる医食同源（薬食同源）で、この考えから生まれた料理が薬膳です。薬膳料理といえば漢方薬として使うものを調理するイメージがあるかもしれませんが、日常使われる食材のもつ効能をバランスよく組み合わせることでも薬膳料理になります。薬膳料理のポイントは、食材の食味食性を五味（酸、苦、甘、辛、鹹《かん》＝塩辛い）と五気（熱、温、平、涼、寒）に分類し、組み合わせることです（※）。

そこで熱対策について考えますと、漢方医学では「清熱（せいねつ）」、「利水」、「利尿」などという言葉があります。「清熱」はこもった熱を冷ます、「利水」は体の中の水バランスを調え余分な水分を排泄に導く、「利尿」は、体の中の水分を尿で排泄することです。

夏野菜にもこのような「清熱」、「利水」、「利尿」効果を持ったもの、食欲を増進させるものなどがあります。今回は五味五気を上手に組み合わせた薬膳料理を紹介させていただきました。楽しく作っておいしく食べ、暑い夏を上手に乗り切りましょう。

※参考文献　根本幸夫 著　「台所漢方」池田書店　（料理監修・松﨑英司）

栄養士のちょっとひといき

その８

今回は夏が旬である魚スズキ（鱸）と夏野菜を豊富に取り入れた料理です。季節により使用する材料を変えてもおいしくいただけます。
日本には四季があるため季節ごとに食べごろを迎える食材があります。
魚介類・野菜などが出盛りで最もおいしい時期を「旬（しゅん）」といいます。
旬の食べ物は、その時期に起こりやすい体調不良をカバーする効果が期待できる成分を多く含んでいます。旬の食材を料理に上手に取り入れて、四季の変化を楽しみましょう。

● 旬野菜 ～ それぞれの季節の特徴

春
春野菜の特徴は「苦みと香り」です。冬の間に落ちていた新陳代謝力をアップさせたり、老廃物の排出を助けてくれる働きがあります。

夏
夏野菜は自然の夏バテ予防剤。ビタミン類や水分が多く含まれているので、暑さで火照った体を冷やしたり、体内の余分な水分を尿で排出してくれます。

秋
秋野菜は夏に疲れた体を癒し、もうすぐやってくる冬に備えて滋養を蓄える働きがあります。胃の働きを活発にしたり、おなかの調子を整えるものが多く出回ります。

冬
冬の葉野菜は１年の中で最も甘味が強く栄養価が高くなります。また、根菜類には体を温める働きがあるので、肩こり・冷え性・風邪の予防にも役立ちます。

● 今回使用した材料の栄養ひとくちメモ

ショウガ

ここ数年、ショウガブームが続いています。ショウガに含まれる辛味の成分はジンゲロール、ショウガオール、ジンゲロンという物質です。最も多く含まれるのはジンゲロールですが、ジンゲロールは乾燥や加熱をすると、ショウガオールやごく微量ですがジンゲロンに変化します。これらの成分は、血流をよくして体を温め、冷えを改善する作用や殺菌作用があります。エネルギー代謝や体脂肪の分解促進にも働き、生活習慣病の予防やむくみの解消にも有効といわれています。

新ショウガとひねショウガの違い

一般的には収穫したてのショウガや、初夏の頃から早掘りし、赤い茎の部分が少しついた状態で出回るショウガを新ショウガといいます。色白で繊維が柔らかく辛味が穏やかでみずみずしさがあります。甘酢ショウガなどにしてもおいしくいただけます。一方ひねショウガ（老成ショウガ、古根ショウガ）は収穫後、数カ月保管してから出荷されます。繊維質を形成し、ショウガの色も濃くなり辛味が強くなっています。すりおろしたり刻んだりして薬味に使われたり、料理で素材の臭み消しなど広範囲に使用されます。

● 今回の料理を取り入れた、エネルギー 700kcal 未満の参考メニュー

・新ショウガの炊き込みご飯
・スズキの塩焼きの夏野菜掛け
・豆腐サラダ（水菜、ワカメ、ミョウガ、大葉、チリメンジャコなどお好みの具材をたっぷりと、ごまじょうゆドレッシングで）
・トーガン汁

9 うなぎ専門店 元町 濱新

いつもと違う「おいしい」ひみつ。
絶品だしとふんわり卵の親子丼

店主　山菅 浩一郎

絶品だしの親子丼
柿の白あえ

絶品だしの親子丼の１人分栄養量

	鶏の皮付き	皮を取り除いた場合
エネルギー	292 kcal	225 kcal
たんぱく質	19.6 g	18.9 g
脂質	14.6 g	7.8 g
炭水化物	15.5 g	15.5 g
食塩相当量	3.2 g	3.2 g

柿の白あえの１人分栄養量

エネルギー	114 kcal
たんぱく質	4.5 g
脂質	2.9 g
炭水化物	19.1 g
食塩相当量	0.5 g

ご飯の１人分栄養量

	100g（小茶碗）	150g（中茶碗）	200g（大茶碗）	250g（中丼）
エネルギー	168kcal	252kcal	336kcal	420kcal
たんぱく質	2.5g	3.8g	5.0g	6.3g
脂質	0.3g	0.5g	0.6g	0.8g
炭水化物	37.1g	55.7g	74.2g	92.8g
食塩相当量	0g	0g	0g	0g

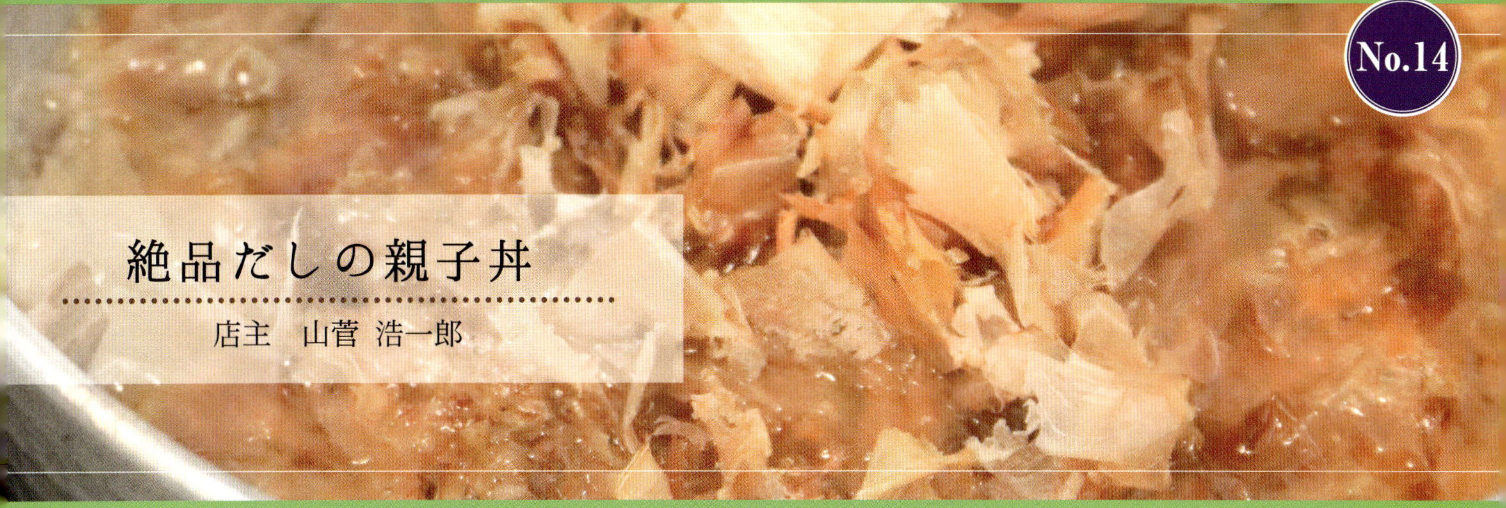

No.14

絶品だしの親子丼

店主　山菅 浩一郎

ぜひ覚えていただきたい、一生役に立つ「基本のだし」の取り方。とろける卵は、溶き方もポイント。
鶏肉の大きさなど、プロのアドバイスで普段の親子丼が見違えるほどおいしくなります

材料（4 人分）

【かつおだし】（出来上がり量 480ml）
●昆布 3㎝角 1 つ（出汁用ならば何でもよい）
●かつお節 15g（花かつおなど幅広の薄削り）
●水　500ml
※だしを 960ml、1440ml で作りたい場合は
上記分量をそれぞれ 2 倍、3 倍にしてください。

【親子丼】
●鶏もも肉　1 枚
●長ねぎ　1 本
●しめじ 1/2 パック
●卵　4 つ
●三つ葉 少々

●かつおだし 480ml
●濃口しょうゆ 80ml
●本みりん 80ml
●砂糖大さじ 1 （お好みで加減してください）

1　だしを取る

昆布は湿らせた布巾などで表面の汚れをとり水に30分ほど漬けておく。
強火で沸騰させる。沸騰したら火を止め、かつお節を入れる。かつお節が全て沈んでから 1 分ほど置く。
キッチンペーパーなどを使ってこす。

【二番だしの取り方】
一番だしで使った水の50％（今回は250ml）に、昆布とかつおのだしがらを加え、沸騰させる。沸騰したら弱火にしてフツフツと５分間煮る。
５分たったら火を止め、新たに花かつお５gを加える。かつお節が全て沈んだら１分ほど置き、キッチンペーパーなどを使ってこす。※かつお節を新たに加えることを追いがつおという。

【アレンジ】
・使った昆布は細かく切ってしょうゆ、砂糖、酒、水で煮詰めると佃煮として使える。
・かつおだけを使っただしでも可。
・このだしに少々の酒（香り）、しょうゆ（色と香り）、塩（味）を加えるとおいしいお吸い物になる。

2 しめじとねぎの準備をする

かつおだし 480ml、濃口しょうゆ 80ml、みりん 80ml、砂糖大さじ１はボウルなどで合わせた後、鍋の中へ入れておく。

しめじは石づきを取り、ほぐして煮汁の中へ入れる。

長ねぎは斜めに小口切りにしておく。

3 鶏肉を切る

鶏もも肉は２～３㎝角に切る。※皮を下にして切ると切りやすい。

切り方が大きすぎると火が通るまでに時間がかかり、割り下が煮詰まって味が濃くなってしまう。
また、小さすぎると鶏肉のうま味が全て割り下に出てしまう。
２～３㎝角に切ると、硬くならず、ほどよい歯応えで、かんだ瞬間にうま味があふれるジューシーな仕上がりになる。

4 卵を溶きほぐす

１、黄身をつぶしてから円を描くようにかるく溶きほぐす。
２、白身を２～３回持ち上げるようにする。
３、また円を描くように混ぜる。

これを２～３回繰り返す。混ぜすぎないのがポイント。仕上がりがふんわりとなり、口当たりの良い卵に仕上がる。

5 鶏肉を煮て、卵でとじる

鶏もも肉、長ねぎ、しめじと調味料の入った鍋（またはフライパン）を中火にかけ、沸騰させる。沸騰したら火を弱める。鶏肉に火が通ったら三つ葉を加え卵を全体に回しかける。
卵に火が通ったらすぐに火を止める。ご飯の上に盛り付けて、出来上がり。
※先に三つ葉を入れてから卵でとじるのが濱新流。

No.15

柿の白あえ

店主　山菅 浩一郎

口に入れた瞬間、とろける舌触りとおいしさに驚きます。上品な味わいのこの一品が、献立全体を引き立ててくれます。季節によって食材を変えれば、一年中楽しめる一品です

材料（4人分）

- ●柿 2個
- ●絹ごし豆腐 1丁
- ●白ごま 小さじ1
- ●西京みそ 小さじ1
- ●薄口しょうゆ 小さじ1と1/2
- ●砂糖 大さじ1

1 豆腐の水切りをする

鍋に半分に切った絹ごし豆腐を入れる。頭が隠れる程度に水を入れ弱火にかける。沸騰する直前で火を止める。ざるなどにキッチンペーパーを敷き、豆腐をのせてお湯を切る。そのキッチンペーパーで豆腐を包み、その上に重石（水を入れたボウルなど）を置いてさらに水分を切る。

水切りの目安は、触ってみて弾力があれば OK。

2 豆腐の味付けをする

ごまをすり鉢でする。豆腐、西京みそ、薄口しょうゆ、砂糖を加え、全体が滑らかになるようによく混ぜ合わせる。※西京みそがない場合は、普段のおみそでOK。みそ小さじ1/2、しょうゆを小さじ1、砂糖大さじ1を加える。

3 柿を切り、豆腐とあえる

柿のタネとヘタを取り皮をむく。さいの目に切る。※色が変わりやすいため、豆腐の味付けが終わってから切る。味付けをした豆腐と切った柿をボウルに入れ、混ぜたら器に盛りつける。冷やすとよりおいしくなる。

【柿以外のおすすめアレンジ】

しめじ

軽く湯通ししたものを割り下に15分程つけてから豆腐とあえる。割合はかつおだし：濃口しょうゆ：みりんが4：1：1。

そら豆

ゆでたそら豆をしょうゆにからませてから豆腐とあえる。

シェフのひとこと

09

うなぎ専門店 元町 濱新
店主 山菅 浩一郎

今回のレシピについて

今回ご紹介させていただいたお料理二品は親子丼と白あえというベーシックな和食を少しだけアレンジしたものです。これは日本料理に限ったことではないのでしょうが、おいしいお料理というのは時間をかけることが重要ではありません。素材と調味料のバランス、そしてその一つ一つにどれだけ心を砕けるかが重要です。

おいしい料理を表す言葉のひとつに「御馳走」という言葉があります。これは「馳せる」と「走る」の二つの言葉からできています。一見同義の言葉を並べたように思われるかもしれませんが、実は「馳せる」には「走る」という意味の他に「気持ちや考えを遠くに至らせる」という意味があります。

つまり食べてもらう相手のことに想いを「馳せ」、そしていい食材を集めるために「走る」。これこそが料理の本質ではないかと思います。

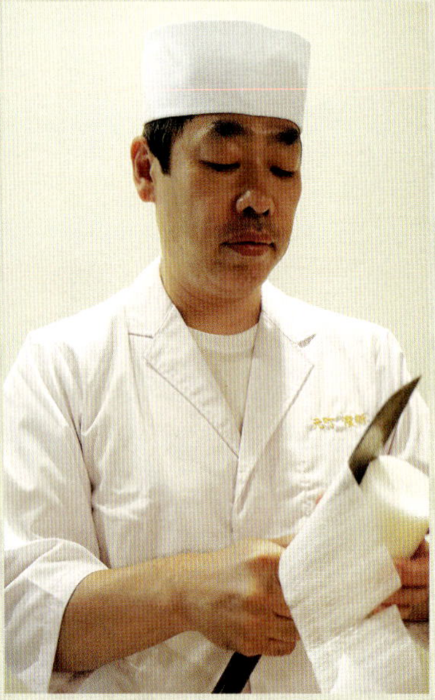

時間のない現代人にとって毎日の食事はできるだけかんたんに手軽にすませたいというのが本音なのかもしれません。しかしたまには相手のことを思いながら、またご家族一緒に、地産の野菜や素材、そして調味料などを吟味して今回ご紹介させていただきましたお料理をぜひ作ってみてください。シンプルな中に日本料理の力強さをお楽しみいただけると思います。

横浜と料理について思うこと

日本の料理という観点からすれば西洋料理、西洋野菜など、横浜はとても重要な場所です。

横浜発祥の料理、特に西洋料理が日本でアレンジされた料理の数々は洋食文化として日本中に広まりフランス料理やイタリア料理とはまた違った一ジャンルを形成しました。ただしそれは元々半農半漁だった横浜の地のものが生かされたものでも、そもそも横浜村が持っていた文化的なバックボーンが生み出したものでもありません。故に横浜発祥といいながらも横浜らしさという色を見い出すことがなかなか難しい部分もあります。

横浜は二〇一八年に開港から百五十七年目となりました。横浜に住み商いをする方々にも三代目の方々が増えてきました。開港以来、舶来ものの先進性をウリにし発展をしてきた横浜ではありますが、そろそろ横浜としての歴史を踏まえた上での本当の横浜オリジナルを作っていく時期ではないかと思うのです。

百五十七年といえば長いようではありますが、平安時代から綿々と続く日本料理の歴史からすれば横浜の料理はまだ生まれたばかりの赤ちゃんのようなものです。

これからも生まれてくるであろう横浜の料理人の方々のためにも、「横浜で料理がしたい」のではなく「横浜の料理が学びたい」と思っていただけるように、今現場に立つわれわれが頑張り、「横浜の料理」という確固たる道を作る重要な時期に来ているのではないかと思っています。

栄養士のちょっとひといき

その９

今回は料理の基本であるおいしい出汁（だし）のとり方と、その出汁を生かした「絶品だしの親子丼」、そして秋らしい一品の「柿の白あえ」のご紹介です。
出汁を多めに作り、お吸い物などを添えれば、ごちそう献立の出来上がりです。
どちらも家庭で手軽に作ることのできる料理ですので、ぜひお試しください。

● 今回使用した材料の栄養ひとくちメモ　「出汁（だし）」と「うま味」について

出汁（だし）とは、うま味成分を含む動物性や植物性の食品を煮出したり水に浸したりして、うま味成分を抽出した汁のことです。日本では昔から昆布や干した魚類などから「出汁」をとっておいしく食べる工夫をしてきました。今では便利な粉末や顆粒の風味調味料が数多く市販されていますが、時にはひと手間かけておいしい出汁をとってみましょう。料理の味も香りも格段にアップします。出汁をとったあとの昆布や干ししいたけ、かつお節などは、佃煮やふりかけにしてみてください。おいしいおかずがもう一品できあがります。

うま味は日本で発見された成分です。うま味物質のひとつであるグルタミン酸が昆布出汁から発見され、甘味・塩味・酸味・苦味の４つの基本味では説明できないその味は、５つめの基本味として「うま味」と命名されました。

うま味の減塩効果　食品にうま味を加えると、味にコクや広がりが生じ、食塩の量を減らしても、おいしさが損なわれない効果があります。

うま味の相乗効果　うま味物質は単独で使うよりも、アミノ酸系と核酸系を組み合わせることで、うま味が飛躍的に強くなることが知られています。日本料理ではよく、昆布とかつお節を組み合わせて出汁をとります。また精進料理では昆布に干ししいたけを組み合わせたりします。

系列	おもなうま味物質	含まれるおもな食品
アミノ酸系	グルタミン酸	昆布、チーズ、茶、トマトなど
	アスパラギン酸	野菜類、みそ、しょうゆなど
核酸系	イノシン酸	煮干し、かつお節、魚類、畜肉など
	グアニル酸	干ししいたけ、キノコ類など
有機酸系	アデニル酸	魚介類、畜肉など
	コハク酸	貝類、日本酒など

● エネルギーや塩分を減らしたいかたは…

エネルギーを減らしたいかたは鶏肉の皮を除いて使いましょう。肉のエネルギー量は約半分になります。肉の代わりにかまぼこを使ってもよいでしょう。塩分を減らしたいかたはご飯とおかずを別々に盛り付けて、おかずの汁は食べないようにしましょう。塩分量を半分～ 2/3 程度に減らすことができます。

	エネルギー (kcal)	たんぱく質 (g)	脂質 (g)	炭水化物 (g)
もも皮つき 1/4 枚	128	10.4	8.9	0
もも皮なし 1/4 枚	64	9.5	2.5	0
むね皮つき 1/4 枚	82	12.0	3.3	0.1
むね皮なし 1/4 枚	58	11.7	1.0	0.1
ささみ１本	50	10.9	0.4	0
かまぼこ 60g	57	7.2	0.5	5.8

参考：日本食品成分表 2018 七訂※鶏肉は標準的な大きさの場合。

● みそ・しょうゆについて

最近では調味料としてだけではなく発酵商品としても注目されているみそとしょうゆですが、塩分以外に各種アミノ酸やビタミン、ミネラル類なども種類多く含まれており、料理に特有のうま味や風味を加えることができます。取り過ぎは塩分の過剰摂取につながりますが、和食の味を決める必需品であるみそやしょうゆを上手に使って、味わい豊かな食生活を送りましょう。

10 てんぷら 天吉

ずっと知りたかった！　達人のかき揚げ

山形風芋煮
ごぼうとにんじんと芝海老のかき揚げ

料理長　金井 誠二

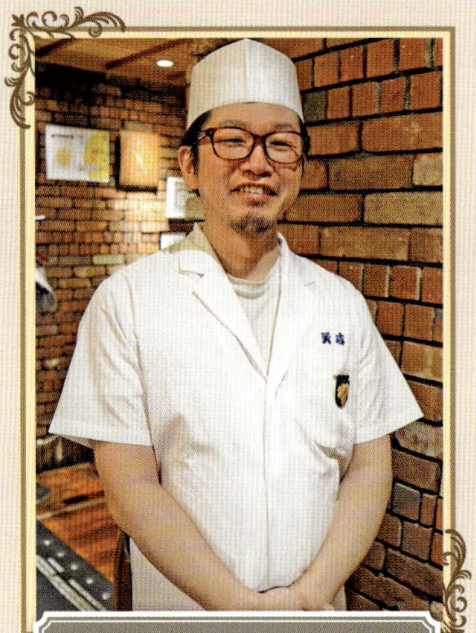

専務　原 広也

山形風芋煮の１人分栄養量

エネルギー	338 kcal
たんぱく質	11.5 g
脂質	11.5 g
炭水化物	17.0 g
食塩相当量	3.8 g

ごぼうとにんじんと芝海老のかき揚げの１人分栄養量

	かき揚げ	天つゆ（全量）
エネルギー	415 kcal	25 kcal
たんぱく質	12.9 g	1.0 g
脂質	29.7 g	0 g
炭水化物	21.1 g	4.8 g
食塩相当量	0.4 g	1.5 g

No.16

山形風芋煮

料理長　金井 誠二

牛肉とかつおの極上だしで、しっとりやわらかな里芋をいただきます。
普段のおかずや、ちょっとした前菜代わりに。ほっと落ち着くお味です

材料（4人分）

●里芋 750g（中10～12個）
●牛バラスライス 200g
●長ねぎ 1本
●万能ねぎ 少々
●七味唐辛子 少々

【調味料】
●かつおだし 1.5ℓ
●薄口しょうゆ 75cc
●みりん 大さじ2
●酒 50cc
●七味唐辛子 少々

【かつおだしの材料】（出来上がり量 1.5ℓ）
●昆布 3cm角 3つ（出汁用ならば何でもよい）
●かつお節 45g（花かつおなどの幅広のうす削り）
●水 500ml

1　かつおだしを取る

昆布は湿らせた布巾などで表面の汚れをとり水に30分ほど漬けておく。
強火で沸騰させる。沸騰したら火を止め、かつお節を入れる。

かつお節が全て沈んでから1分ほど置く。キッチンペーパーなどを使ってこす。

※市販のだしを使ってもOK。

2 里芋の下ごしらえをする

里芋の皮をむく。写真のように、包丁で六方むきにする。もしくは皮むき器で六角形になるようにむく。
４分の１の大きさに切ってから、ぬめりをとるために軽く塩でもみ、水で洗う。

3 里芋と牛肉の下ゆでをする

里芋は、沸騰するまでは強火、沸騰したら中火にして5～10分程度ゆでる。串が通ればゆで上がり。

牛バラ肉は食べやすい大きさに切りさっとゆでる。

※このひと手間でだしが素材に染みこみやすくなる。
また、牛バラスライスは熱湯で数秒ゆでるとエネルギー・脂質が20～25％減少する。

4 里芋と牛肉をだしで煮る

鍋にかつおだしを入れ里芋と牛肉を入れる。最初は強火、沸騰したら中火に弱め、５～10分煮る。

※好みの硬さで時間を調節する。

5 ねぎと調味料を加える

長ねぎを笹切り（厚さ５㎜）にし、残りの調味料（しょうゆ、みりん、酒）と一緒に入れる。

ほんの数十秒煮て、ねぎが少ししんなりしたら器に盛り、上に万能ねぎの小口切りを散らして出来上がり。好みで七味唐辛子を振る。

No.17

ごぼうとにんじんと芝海老のかき揚げ

専務　原 広也

散り散りになってしまったり、中まで火が通っていなかったりと、失敗の多いかき揚げ。
プロのかき揚げは箸を入れるとさっくりふわふわ。３回に分けて油に入れる揚げ方にぜひご注目ください

材料（4 人分）

●ごぼう 120g（小約二本）
●にんじん 40g（小約半分）
●芝海老 120g（15〜20尾）
※バナメイエビでも代用可。
●三つ葉 1把
●卵（先に具材とあえる用）
Ｍサイズ４個
●薄力粉 適量

【衣】
●卵 Ｍサイズ１個
●冷水 卵と水を合わせて１カップ
●薄力粉 １カップ（約100g）

【揚げ油】
●植物油（サラダ油で可）600ml
●ごま油　100ml

【付け合わせ】
●大根おろし 120g
●おろしショウガ 20g

【天つゆ】
●かつおだし汁 150ml
●しょうゆ 大さじ２と1/3
●砂糖 大さじ１強
●みりん 小さじ２

1　下ごしらえをする

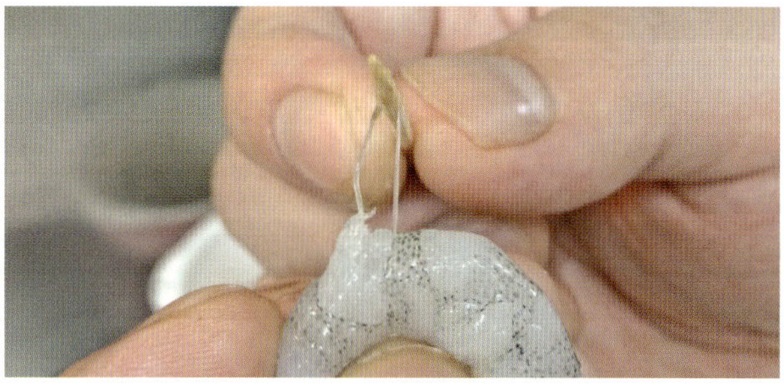

芝海老のひげ根を引っ張って取ってから、頭と胴体の間に左手の親指を差し込み、右手で胴体をおさえ頭を取る。（写真左）殻をむき、背ワタを取る（写真右）。塩水で洗う。

にんじんは皮をむいて、長さ６㎝、厚さ２㎜に切り、重ねて並べる。２㎜の細さに刻む。

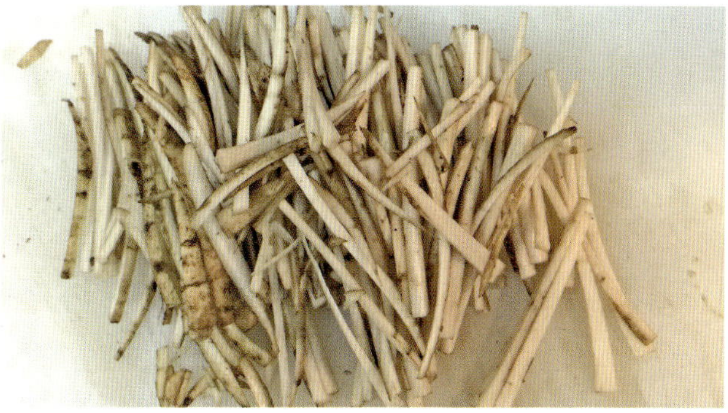

ごぼうも同様に細切りにする。水にさらしてあくをとる。三つ葉は１㎝幅でざく切りにする。

2 衣を作る

①卵Mサイズ１個を計量カップに入れ、１カップちょうどになるまでよく冷やした水を入れ卵水を作る。
②卵水をボウルにあけて、ホイッパーで切るようにさっと混ぜ合わせる。
③ふるっておいた約１カップ分の薄力粉を２～３回に分けて少しずつ混ぜ合わせていく。

※混ぜ合わせ方と生地の硬さのポイント：ダマが少し残る程度までさっと切る感じに手際よく混ぜ合わせ、ホイッパーからポタポタと落ちるくらいの硬さがポイント。混ぜすぎると粉のグルテンが出てしまう。グルテンが出ると衣が厚くなる。厚い衣は揚げている時に水分の蒸発を妨げてしまい、カラッと揚がらなくなる上に油を多く吸い、カロリーアップにもなってしまう。

3 材料に粉をまぶし、卵を混ぜてから生地とあえる

１人分ずつ揚げるため、小さめのボウルにごぼう30g、にんじん 10g、芝海老30g、三つ葉を二つまみほど入れ、小さじ３杯の薄力粉と混ぜ合わせる。

卵Ｍサイズ１個を入れ、混ぜ合わせる。※ふわふわのかき揚げになるポイント。

お玉に一杯分の生地をすくい、混ぜる。

4 油の温度を確かめる（180℃前後：揚げ始め175℃、揚げ上がり180℃が目安）

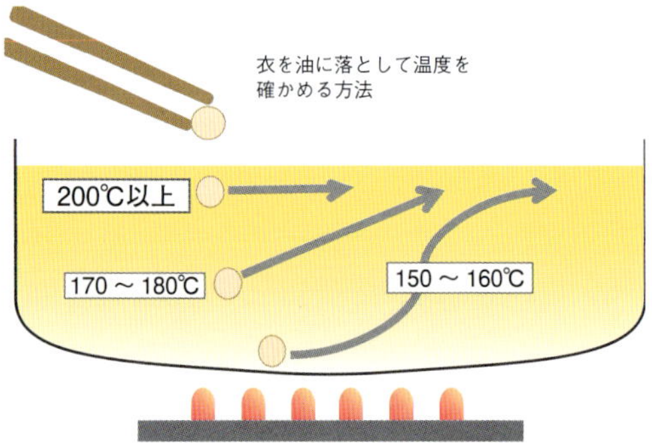

【油の温度の目安】

・生地を油に落とした時、一度沈んでからゆっくりと浮かび上がってくるのが 150~160℃前後。
・すぐに浮き上がってくると 180℃前後。
・油の表面で散ってしまうのが 200℃前後。
※衣がすぐ黒くなったり煙が出るほどの温度は、油へ引火する危険があるので注意する。

5 生地を３回に分けて油に入れ、揚げる

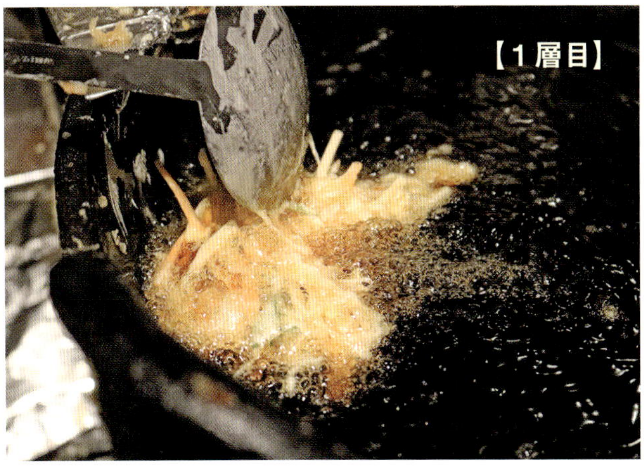

生地は３回に分けて、手早く入れながら揚げる。

【１層目】
お玉に一杯分の生地をすくい、鍋肌にそって静かに入れる。この１層目が、かき揚げの器（土台）になる。

【２層目】
５秒ほどで底が少し固まるので、上から残りの生地を２回に分けて入れる。のせるのはかき揚げの中心。生地をのせた後、お玉で生地を中に入れ込むようなイメージで、崩れないよう、そっと押す。

【３層目】
２層目と同様、５秒たったら中心に生地をのせる。３層目が入り、約10秒たち底が固まったころに、左手に持った網でかき揚げを支えながら、右手の菜箸で下からすくうようにひっくり返す。

返したらすぐに、菜箸でかき揚げを押さえながらかき揚げの中心を網を使い軽く押して、中まで油がしっかり回るように広げる（形を整える）。

火力を上げて、温度を175度～180度に保つようにする。
かき揚げの表面を菜箸でたたいてところどころに穴を開け、再度ひっくり返す。

※たたいて穴を開けることで油回りが良くなる。

表面を軽くトントンとたたくように穴をあけて、ひっくり返すことを４度ほどくり返す。
かき揚げの中央に菜箸を刺して、スッと入り、生地がついてこなくなったら揚げ上がり。
好みで天つゆに七味唐辛子を振っていただく。

※サイズが大きすぎて揚げづらい場合は、分量を半分にしてチャレンジを。

シェフのひとこと

⑩

天ぷら 天吉
五代目店主　原 茂男

てんぷらLucky・・・天吉

文明開化間近の江戸末期、米国のペルリが黒船を従えて幕府に開国を迫っていたJUSTその時、一人の若者が武蔵小杉村より、大志を抱いて、一獲千金・ゴールドラッシュの横濱村へやってきた。

まずは当時のファストフードである天ぷらの屋台を引きながら、苦節十年！

明治五（一八七二）年に当時の遊郭街（現在の横浜市中区山田町）の大門前に店を構えた。

天吉の初代、原 庄蔵であった。

なんて感じで天吉の歴史が始まるわけなんですけど、ま、それからざっと数えて五代目が私なんです。天吉も二〇一七年で百四十五周年になります。

関東大震災、横浜大空襲、おまけにもらい火で三度も全焼したにもかかわらず、その度に不屈の精神で店を立ち上げてきたご先祖様には最敬礼です。

ま、ついてるってのも大有りですけど。

戦後、伊勢佐木町のバラックから関内に移ったころは川っぺりの焼け野原の一軒家でして、ずっと後から、市役所やJR関内駅が歩いてついてきたという、まさに天からの贈り物、なんという吉・Lucky！さすが天吉。

百四十五周年には、今の店舗を使ってJazzライブをやりたいなと考えております。ちなみに私もヘッポコベーシストなので一晩中演奏するつもりです。六代目も現在ドラムの特訓中でJazzデビューを狙っています。

当時の横濱村は地産地消は当たり前。地元本牧の海で取れた海産物を中心に、有機野菜、絞りたての油など、新鮮でヘルシーな食材をふんだんに使っていたんですね。今から考えるととてもぜいたくですよね。

そんなわけで今回は明治維新に思いをはせて、地元の食材を使ったお料理を用意しました。よろしくお願いします。

ご先祖様の汗と涙の百四十五年に乾杯！

栄養士のちょっとひといき

その10

今回は天ぷらの中でも難しいと感じているかたも多い、かき揚げをおいしく作るコツをご紹介しました。天ぷらは油の吸収量が多く高エネルギーのイメージが強い料理ですが、上手に揚げて、食べ過ぎや料理の組み合わせに気を付ければ健康メニューにもなります。詳しくはP13をご覧ください。

●今回使用した材料の栄養ひとくちメモ

油脂について

一般的に、常温で液体のものを油、固体のものを脂と使い分けます。また原料により植物性油脂と動物性油脂に分類され、原料油脂を加工して新しい油脂にしたものを加工油脂といいます。

脂質について

油脂類の栄養素のほとんどは脂質で占められています。脂質は1gで9kcalと、糖質やたんぱく質の1g4kcalと比べ2倍以上のエネルギーを生み出す、効率のよいエネルギー源です。また、体組織の構成成分や細胞膜・ホルモンなどの材料になったり、脂溶性ビタミンの吸収を促進したり、体温の保持や内臓を守る役割などもある､とても重要な栄養素です。一方で､取り過ぎるとエネルギー過多から肥満になったり生活習慣病につながりやすくなります。

脂肪酸とは

脂肪酸は脂質を構成する主成分で多くの種類があります。それぞれに特有の働きがあり、脂肪酸の種類や量は食品ごとに異なります。

◆おもな脂肪酸の種類と働き ※健康への効果は全てのかたにあてはまるわけではありません。

分類		脂肪酸	多く含む食品	報告されているおもな働き
飽和脂肪酸		ラウリン酸	ココナッツオイルなど	コレステロールを増やす 中性脂肪を増やす 血液の粘度を増加させる
		パルミチン酸	動物性脂肪、バター、パーム油など	
		ステアリン酸	ヘット(牛脂)、ラード(豚脂)など	
一価不飽和脂肪酸		オレイン酸	オリーブ油、菜種油、ナッツ類など	LDLコレステロールの低下 動脈硬化の予防 胃酸の分泌を調整
多価不飽和脂肪酸	n-6系	リノール酸	大豆油、コーン油、ごま油、紅花油、ひまわり油など	コレステロールの低下 取り過ぎると動脈硬化、アレルギー、高血圧を招くことがある
		アラキドン酸	卵、レバー、肉、魚など	血圧や免疫系の調整
	n-3系	α-リノレン酸	シソ油、エゴマ油、亜麻仁油など	高血圧やがんを予防 アレルギー症状の改善
		エイコサペンタエン酸(EPA)	青魚、魚油など	抗血栓作用 LDLコレステロールの低下 脳卒中、高血圧、動脈硬化の予防 アレルギー症状の改善
		ドコサヘキサエン酸(DHA)	青魚、魚油など	LDLコレステロールの低下 動脈硬化、高血圧、認知症の予防

● 今回の料理のエネルギーや塩分を減らしたいかたは…

エネルギーを減らしたいかたは、かき揚げをレシピの分量より小さくしたり、芋煮の里芋を減らしてコンニャクを足したり、1食に食べる量を減らしたりしてみましょう。

塩分を減らしたいかたは、天つゆの付け方や芋煮汁の飲む量を減らしましょう。また、芋煮は出汁(だし)がしっかり効いているので、しょうゆを2/3～1/2量に減らしてもおいしくいただけます。

ホテルニューグランド　11

クラシックホテルのシェフに教わる。
おうちでできる極上フレンチ

横浜市港北区産かぶの甘味が際立つクリームスープ
チキンのむね肉のソテー扇仕立てシェリーヴィネガー風味

かぶの甘味が際立つ
クリームスープの１人分栄養量

エネルギー	177 kcal
たんぱく質	3.3 g
脂質	15.7 g
炭水化物	6 g
食塩相当量	0.9 g

※出来上がり量 500ccのうち、４分の１量（125cc）食べた場合の栄養量。

チキンのむね肉のソテー扇仕立て
シェリーヴィネガー風味の１人分栄養量

	鶏むね肉１枚（160g 相当）食べた場合	鶏むね肉1/2枚（80g 相当）食べた場合
エネルギー	436 kcal	320 kcal
たんぱく質	36.8 g	19.7 g
脂質	29.1 g	24.4 g
炭水化物	7.6 g	7.5 g
食塩相当量	0.7 g	0.6 g

※きのこソテー含む、ドレッシング別の栄養量。
※鶏肉以外は同量食べたものとする。

総料理長　宇佐神 茂

No.18

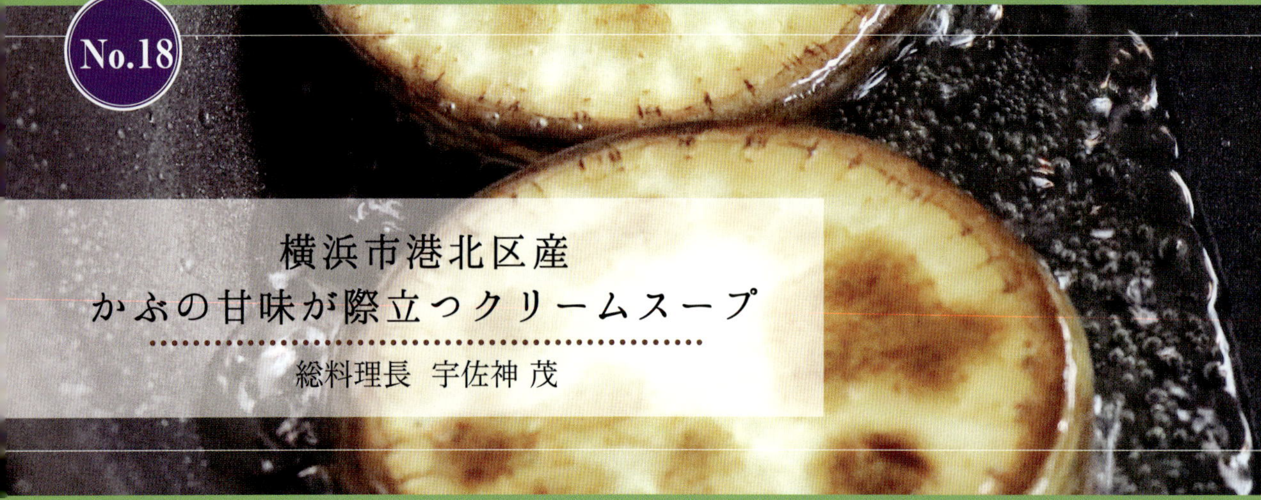

横浜市港北区産
かぶの甘味が際立つクリームスープ

総料理長　宇佐神 茂

滑らかなスープにしたかぶに、薄切りにして香ばしくソテーしたかぶを添えて。
優しい甘味と香りが口いっぱいに広がります。このレシピを覚えておけば、いろいろな野菜に応用ができます

材料（500cc分ぐらい）

●かぶ（スープ用スライス）300g
●かぶ（飾りつけ用ロースト）1個
●玉ねぎ 75g
●チキンブイヨン 300cc
●生クリーム（タカナシ 38%）90cc
●バター 30g
●オリーブオイル 適量
●塩、こしょう 少々

横浜市港北区でとれた「あやめ雪かぶ」を使用。
（葉元に近い部分が薄紫なのが特徴）※普通のかぶでもOK。

1　かぶと玉ねぎを切る

かぶは皮をむき、スープ用と飾りつけ用の２種類を用意する。最初に、スープ用のかぶから準備する。
※普通のかぶの場合は皮をむかなくても大丈夫。

スープ用のかぶは、ミキサーにかけるため乱切りでもよいが、火の通りが良くなるのでスライスするか、小さめに切る。

※飾り付け用のかぶについては、後のページで説明する。

玉ねぎは写真のように繊維に対して垂直にスライスする。
※繊維が細かくなり、舌触りが滑らかになる。

2 かぶと玉ねぎを炒め、チキンブイヨンで煮る

鍋を弱火～中火にかけバターを溶かし、玉ねぎを入れ色づかないように炒める。
途中でオリーブオイル大さじ１を加えて焦げるのを防ぐ。
玉ねぎがしんなりしたら、かぶと塩を少々加え、水分がなくなるまで炒める。
※茶色く色づいたり、焦げたりすると仕上がりのスープの色が悪くなるので火加減に注意する。

チキンブイヨンを加える。沸騰したら弱火にし、あくをとりながら７～８分煮る。
※チキンブイヨンは、市販のキューブの物や顆粒の物を使う場合は、品物の表示にある分量のお湯で溶かしたものから、300ccを使う。

3 ミキサーにかける

鍋の中身をミキサーに移し、30秒ほどかける。
生クリームを加えさらに30秒ほどかける。滑らかになったら鍋に戻す。

4 かぶのソテーを作り、盛り付ける

かぶを横に１cmくらいの厚さにスライスする。フライパンにオリーブオイル大さじ１を入れて熱し、かぶを入れ弱火でソテーする。きれいな焼き色がついたら裏返す。軽く塩をし、ふたをして弱火で蒸し焼きにする。火が通ったらキッチンペーパーなどの上に引き上げる。

スープを温め、器に盛り付ける。中央にかぶのソテーをのせて出来上がり。あれば色どりにパセリなどを飾るとよい。

No.19

チキンのむね肉のソテー扇仕立て シェリーヴィネガー風味

総料理長 宇佐神 茂

肉汁を閉じ込めるプロの技で、鶏むね肉がしっとりと柔らかく、ジューシーに焼き上がります。
扇のような美しい盛り付けが、おもてなしのテーブルにぴったりの一品です

材料（4人分）

●鶏むね肉（皮つきのもの160g位）4枚
●トマト 1個
●きのこ 320g
（シイタケ、シメジ、エリンギ等）
●オリーブオイル 大さじ1
●バター 5g
●塩、こしょう 少々

【ドレッシング】
（仕上がり量 80cc・作りやすい分量）
●オリーブオイル 60cc
●シェリー酒ヴィネガー 15cc
●フォンドボー（しょうゆでも可）小さじ1
●塩 1g強

1 鶏肉を焼く

鶏肉の両面に軽く、塩、こしょうをする。
※鶏むね肉は火の通りを良くするため、冷蔵庫から出してすぐに調理せず、しばらく置き常温に近い状態にしておく。

フライパンにオリーブオイルを入れ熱し、中火にする。
鶏肉を皮を下にして入れる。まず皮のある方を7～8割焼いて火を通すのがポイント。
※皮の香ばしさと鶏肉のしっとり感を出すため。

フライ返しなどで軽く押さえる。
※身の縮みを防ぐためと、焼き色を均一にするため。

スプーンで油をかけながら焼く。皮にしっかりとした焼き色がついたところで裏返す。ふたをし、弱火にする。
身の方にも薄く焼き色がついたところで、火からおろす。
※皮はこんがり、身はうっすらと焼き色がついた頃が目安。

鶏肉をアルミホイルで覆い、しばらく置き、余熱で火を通す。※肉汁が中に閉じ込められ、しっとりとした食感になる。

2 ドレッシングを作る

ボウルにシェリー酒ヴィネガー、塩を入れホイッパーでよく混ぜる。
さらにオリーブオイル、フォンドボーを入れて混ぜ、こしょうで味を調える。

※入れる順序に注意。オリーブオイルを先に入れると塩が溶けにくい。

ドレッシングの１人分栄養量

	30cc（大さじ 2）
エネルギー	167 kcal
たんぱく質	0.0 g
脂質	18.0 g
炭水化物	0.1 g
食塩相当量	0.4 g

※フォンドボーはSBやハウス食品、ハインツなどから、フレークやペースト、缶詰の物が市販されている。

3 きのこを炒める

きのこは大きめにカットする。
フライパンにオリーブオイルを入れ強火で熱し、きのこを入れる。焼き色をつけるため最初は強火で炒める。

香りが出てきたら塩・こしょうをし、中火にしてバターを加えさらに炒める。
※バターは焦げやすいので仕上げる直前に入れる。

4 トマトの下ごしらえをする

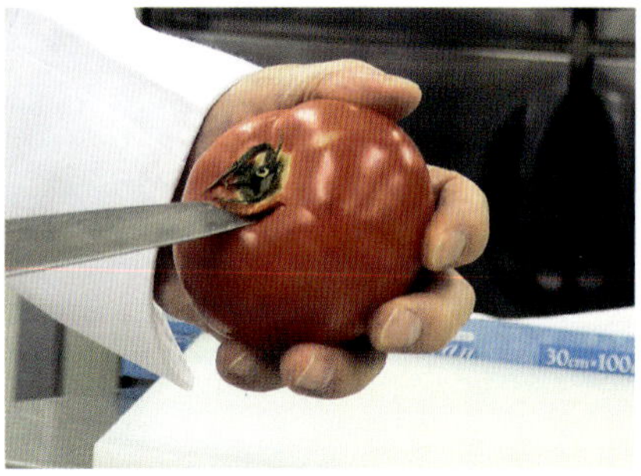

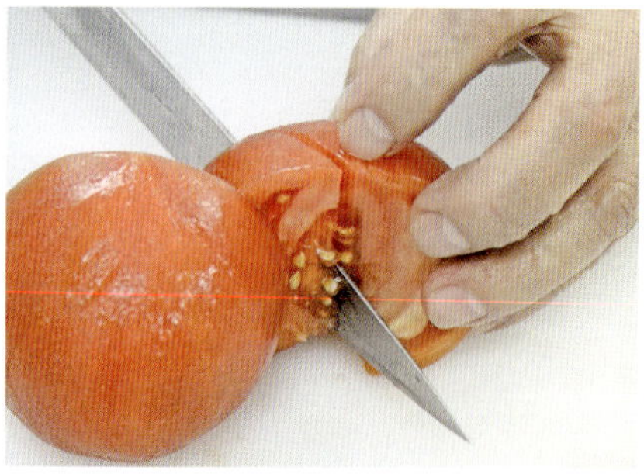

トマトはへたをくり抜くようにして取り、湯むきをする。
※湯むき：お玉などにのせて熱湯に10秒くらいくぐらせ、皮をむく。くし型に切る。

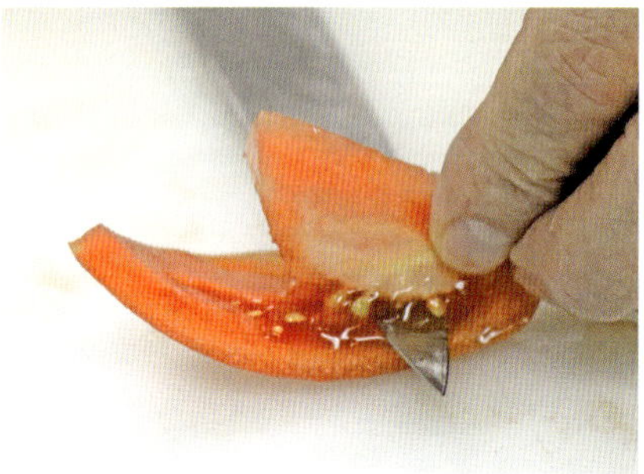
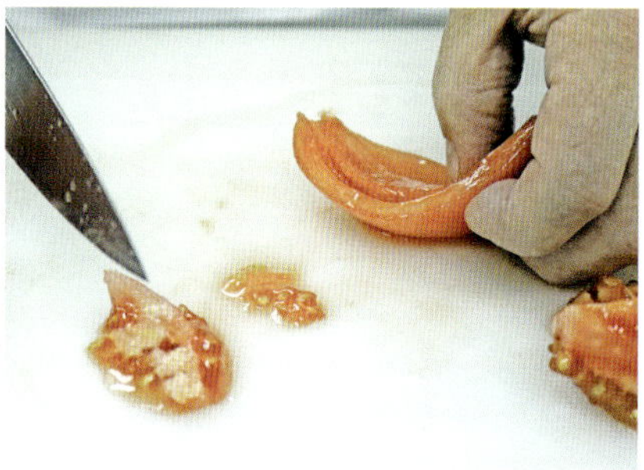

種と果肉を取り除く。※種と果肉はサラダなどのドレッシングに使ったり、ジュレにしても。
お皿にのせ塩、こしょう、オリーブオイルを塗り、電子レンジで数秒、温める。

5 鶏肉を切って、盛り付ける

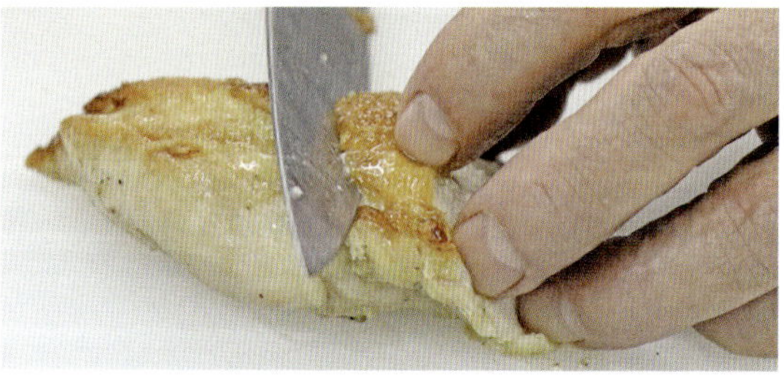

鶏肉をアルミホイルから取り出し、１cmぐらいの厚みになるように、斜めに切る。きのこを高く盛り付ける。※あれば、写真のようなセルクル(底のないケーキ型)を使うとよい。

鶏肉とトマトを交互に盛り付ける。ドレッシングをかけて出来上がり。イタリアンパセリなどがあれば、添えて出来上がり。

フランスパン２切れ（60g 相当）の栄養量

エネルギー	167 kcal
たんぱく質	5.6 g
脂質	0.8 g
炭水化物	34.5 g
食塩相当量	1 g

シェフのひとこと

11

ホテルニューグランド
総料理長　宇佐神 茂

今回のレシピについて

今回は横浜の「あやめ雪かぶ」を使ったスープと鶏の脂肪分の少ないむね肉のソテーをご紹介いたします。

昨今の健康志向に伴い、以前から考えていたヘルシーなメニューの中から、ご家庭でも作りやすいようにアレンジして紹介させていただきました。ヘルシーな料理はあっさりして味気ないというイメージがありますが、それぞれの持ち味を生かすことによって味わいのある料理になります。

フランス料理は時間と手間がかかって作りづらいと思われがちですが、この二品は簡単でおいしくできますので、ぜひ、気軽に作ってみてください。

料理と思いやり

料理人という仕事は、一瞬、一瞬のお客様との対応で成果が問われる仕事と常々考えております。時間をかけて心を込めて作った料理でも、食べてしまえばそれで終わりですが、「おいしかった」という記憶はいつまでも残ります。

だからこそ、目の前にいらっしゃらないお客様の事を思いやって、いつまでも心に残るような料理を作りたいと思っています。

当ホテル発祥の料理として、シュリンプドリアがありますが、これは初代総料理長サリーワイルが、体調を崩されたお客様を気遣って即興で生み出した料理です。サリーワイルのお客様を「思いやる」精神は、時代が変わっても持ち続けていきたいと思っています。

食への想い

日本の食文化は、国際社会の中で健康で文化的であると、食のレベルの高さが世界で認められております。しかし日本の現代人の食生活は、個人の嗜好の変化や食生活の捉え方の変化によって、従来の培われてきた食文化が崩れつつあるのではないかと思います。

それはこの数十年で食を取り巻く環境が大きく変わり、手間や時間をかけずに食べられる高品質な冷凍食品、レトルト食品が出回ってきたことが一因だと思います。家々で伝えられてきた「家庭の味」が失われつつあるのではないでしょうか。

目まぐるしく動く毎日の中で、じっくり料理に取り組むことは大変かもしれませんが、ぜひ、「これぞわが家の料理」というものを残していってほしい、と願っております。

栄養士のちょっとひといき

その11

今回は、表面はカリッと中はしっとり焼き上げた鶏むね肉のソテーをビネガー風味でさっぱり味に仕上げた一皿と、かぶをさまざまな野菜に置き換えてもおいしくいただけるクリームスープです。スープは小麦粉を使っていませんので冷めてももったりせず、野菜の風味が引き立つ、体も心もホッとする一品です。どちらも家庭で手軽に作ることができ、バゲットを添えればおもてなしにもピッタリな料理ですので、ぜひお試しください。

● 今回使用した材料の栄養ひとくちメモ

乳製品について

日本における乳製品の歴史は意外と古く、牛乳は飛鳥・奈良時代から飲用されていました。酥（そ：練乳に近いもの）や醍醐（だいご：チーズかバターに近いもの）などの加工品も作られていましたが、平安末期、武士が勢力を持つようになると牛より馬が重宝されるようになり、牛乳も次第に飲まれなくなりました。その後、江戸時代に徳川幕府の８代将軍吉宗が白牛３頭を輸入して白牛酪（はくぎゅうらく）という製品を製造したのが日本における近代酪農の始まりといわれています。しかし乳製品が一般的に広まったのは明治以降で、第二次世界大戦後に学校給食に牛乳が採用されたこともあり、乳製品や肉類の消費が増加しました。搾ったままの乳のことを生乳(せいにゅう)と呼びます。生乳からはさまざまな乳製品が作られています。

牛乳・ヨーグルトの健康効果

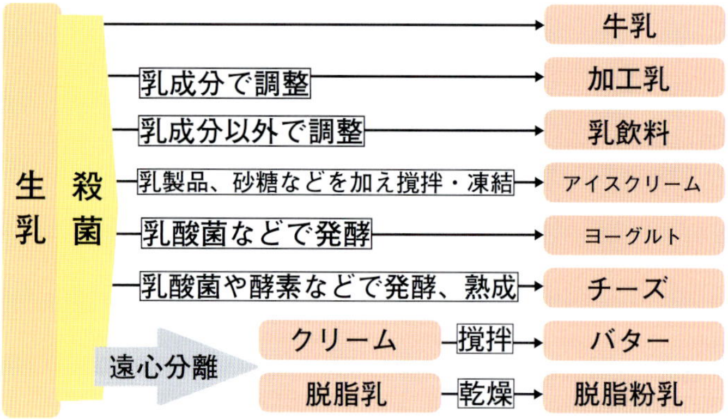

牛乳は良質なたんぱく質をはじめ、脂質・ビタミン・ミネラルをバランスよく含み、栄養価の高い食品です。一般にカルシウムは体内に吸収されにくい栄養素ですが、牛乳には吸収を促進させるカゼインホスホペプチドや乳糖が含まれているため、他の食品より効率よくカルシウムが吸収されます。
カルシウムは骨や歯を丈夫にしたり、骨粗しょう症の予防や神経の興奮を抑えイライラを鎮めたりすることにも役立ちます。ヨーグルトは牛乳に乳酸菌を加えて発酵させた発酵乳製品です。牛乳の栄養に加え乳酸菌の働きによる効果も期待できます。乳酸菌にはおなかの調子を整えたり、腸内の有害物質を抑え免疫力を高めたり、たんぱく質やカルシウムの消化吸収をよくする働きがあります。
さらに最近では、乳製品の機能性についての研究が進み、さまざまな菌がヨーグルトに添加され、プロバイオティクスとして製造されています。プロバイオティクスとは「腸内細菌のバランスを整え、人の健康に有益な働きをする微生物およびそれを含む食品」を示します。

● 乳製品を料理に取り入れてみましょう

牛乳を使う料理というとシチューやグラタンなど洋風のものになりがちですが、煮物やみそ汁、鍋料理など和風料理でも出汁や水の代わりに使うとコクが出て、調味料を控えめにしてもおいしくいただけます。
ヨーグルトもそのまま食べるだけではなく、プレーンヨーグルトはいろいろな料理に利用できます。マヨネーズや市販のドレッシングに加えたり、煮込み料理に加えたり、肉や魚の下ごしらえに漬け込んだりしてみてください。

● 今回の料理のエネルギーを減らしたいかたは

鶏むね肉のソテーは肉やきのこを食べる量で調整したり、ソテーする際の油の量を少なめにしてください。
かぶのクリームスープは生クリームの代わりに牛乳や豆乳を使っても、少しあっさりとした味わいになりますがおいしいスープが出来上がります。スープのエネルギーは１人分で、生クリームを使った場合は177kcal→牛乳または豆乳を使った場合103kcalに減少します。

横浜ベイホテル東急　12

じっくり眺め、ゆっくり味わう。
涼を呼ぶ、絵画のようなフレンチ

赤いフルーツとトマトの冷た～いスープ
夏は厚切りスタミナステーキ 香草サラダとルッコラペースト添え

赤いフルーツとトマトの冷た～いスープの１人分栄養量

エネルギー	81 kcal
たんぱく質	1.3 g
脂質	3.2 g
炭水化物	13.4 g
食塩相当量	0.3 g

	ステーキ	ルッコラペースト	サラダ
エネルギー	243 kcal	148 kcal	118 kcal
たんぱく質	19.1 g	2.7 g	0.6 g
脂質	17.0 g	14.4 g	12.1 g
炭水化物	0.5 g	1.7 g	1.0 g
食塩相当量	0.7 g	0.7 g	0.5 g

※ステーキ肉の下味に使用する塩の量について
肉の重量の１%の塩を使用しているが、かたまり肉の表面に塩を振って焼いた場合、口に入る塩分は使用量の約30%とのデータを参考に計算した。
（参考資料：調理のためのベーシックデータ第４版　女子栄養大学出版部）

総料理長 曽我部 俊典

No.20

赤いフルーツとトマトの冷た〜いスープ

総料理長　曽我部 俊典

チェリーの甘さ・グレープフルーツの酸味・スイカのみずみずしさがトマトスープでぴったりとまとまります。赤で統一された食材は見た目にも涼やか。暑い夏に最高の爽やかなスープです

材料（4 人分）

- ●スイカの果肉　100g
- ●アメリカンチェリーの果肉 100g
（およそ140g分）
- ●ルビーグレープフルーツの果肉 100g
（およそ 1/2 個）
- ●完熟トマト 350g
- ●シェリービネガー　2〜4 cc
- ●塩 約 1 g
- ●白こしょう 少々
- ●ミントの葉　少々（大 4 枚、小 8 枚程度）
- ●ヴァージンオリーブオイル　15cc

※今回は赤いフルーツがテーマのためルビーグレープフルーツを選びましたが、ほかのものでも味に違いはない。

1　トマトの下ごしらえをする

トマトの湯むきをする。鍋に湯を沸かし、ボウルに氷水を用意する。完熟トマトのヘタを取り、十字に切り込みを入れ、熱湯に7〜8秒くぐらせる。すぐに氷水に入れて２〜３分冷やす。

皮をむいて、角切りにする。※完熟しているトマトほど早く湯から引き上げる。氷水につけるのは完全に冷えるまで。湯むきも氷水も長すぎるとトマトにダメージを与えてしまうため。

2 ミキサーにかけ、こす

トマトをミキサーに入れ、滑らかになるまで30秒～１分かける。網でこし、冷蔵庫でよく冷やしておく。

※写真ではシノワという器具を使っている。ご家庭では、なるべく網目の細かいざる等で。

3 フルーツを切る

スイカは１cmにスライスし、写真のように角切りにする。竹串などを使い、種を取っておく。

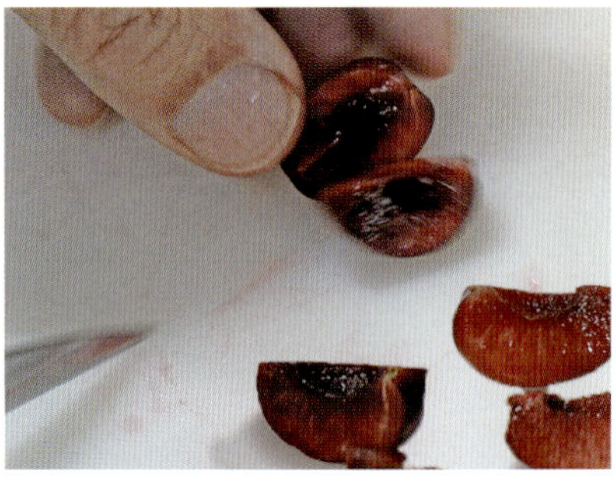

アメリカンチェリーはよく洗い、枝を取る。半分に切ってから種を取り、４等分に切る。
ミントの葉は２mmの千切りにする。
※切らずにそのままのせると、口に入れたときにミントの味や香りが強く出過ぎてしまうため。

ルビーグレープフルーツは上下を薄く切り落とし、縦に置く。包丁を果肉に沿わせるようにして皮をむく。
縦半分に切る。

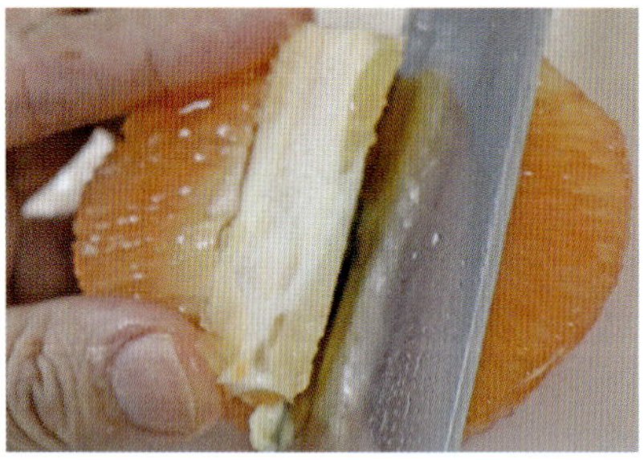

中央の白い部分をＶの字に切り込みを入れ、取り除く。１cm角に切る。
フルーツは、それぞれ切ったらすぐに冷蔵庫に入れてよく冷やしておく。
※カットしたフルーツを一度硬くなるまで冷凍してから使用すると、より冷たくおいしく仕上がる。

4 スープに味付けをし、盛り付ける

冷やしておいたトマトスープに、シェリービネガー、塩、白こしょうを入れて混ぜる。
少し深い器にフルーツを１人前60gずつ量って盛り付ける。その上にトマトのスープ60cc（60g）を注ぐ。
竹串などでミントをバランスよく盛り付ける。オリーブオイルをたらして出来上がり。
※オリーブオイルを加えることでスープにこくと輝きがプラスされ、デザートではなくスープに仕上がる。

No.21

夏は厚切りスタミナステーキ 香草サラダとルッコラペースト添え

総料理長　曽我部 俊典

ジューシーに焼き上げたステーキは、ソースではなく野菜のペーストをつけていただくスタイル。
添えられた美しいサラダは、香草野菜の苦みをまろやかにする魔法のドレッシングであえて

材料（4人分）

【ルッコラペースト】仕上がり量120g
●ニンニク 2g
●アーモンドのロースト 20g
●粉チーズ 25g
●ルッコラ 40g
●ヴァージンオリーブオイル 50cc
●塩 2g
●粗びきこしょう 1g

【ステーキ】
●牛ロース肉
（オーストラリア産）400g 1枚
●塩・黒こしょう 適量
●サラダ油　適量
●ルッコラペースト 120g
●香味野菜 120g（P.99参照）

【ドレッシング】仕上がり量80g
●赤ワインビネガー 20cc
●塩 2g
●白こしょう 少々
●ヴァージンオリーブオイル 60cc

1 ペーストとドレッシングを作る

ルッコラペーストの材料をフードプロセッサーに入れ、混ぜる。味を見て、塩・粗びきこしょうで調整する。
※ルッコラを最初にフードプロセッサーに入れることで、ニンニクやアーモンドがへばりつかずきれいに仕上がる。

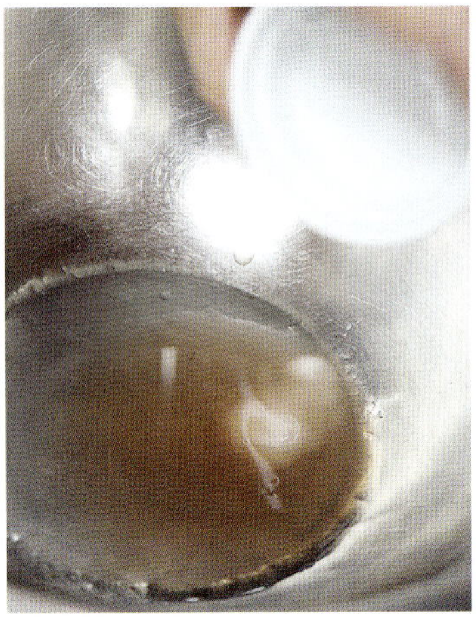

ボウルに赤ワインビネガー、塩、白こしょうを入れ十分に混ぜ塩を溶かしたら、ヴァージンオリーブオイルを少しずつ加え混ぜる。

※塩は必ず先に入れる。オイルの後に入れると溶けないので注意する。

2 牛肉を焼く

あらかじめ常温にしておいた牛ロース肉に塩・黒こしょうで下味をつけておく。
冷たいテフロンのフライパンにサラダ油を注ぎ、牛ロース肉をのせ、火をつける。
※今回の肉は厚いため、熱したフライパンで焼くと先に外側が焦げてしまう。そのため、フライパンが冷たい状態の時に肉を入れてから、火をつける。(写真左)

脂身を左にして置き、中火で焼き始める。触らず、ひっくり返さずに約4分30秒。
※脂身を左にするのは、盛り付けた時に表にくる面を先に焼き、きれいに見せるため。

その後、肉を少し持ち上げ焼き色を見ながら、溶け出た脂をフライパンと肉の間に入れ込み、約1分～1分30秒焼く。(写真右) 焼き色が強い場合は、火を弱める。

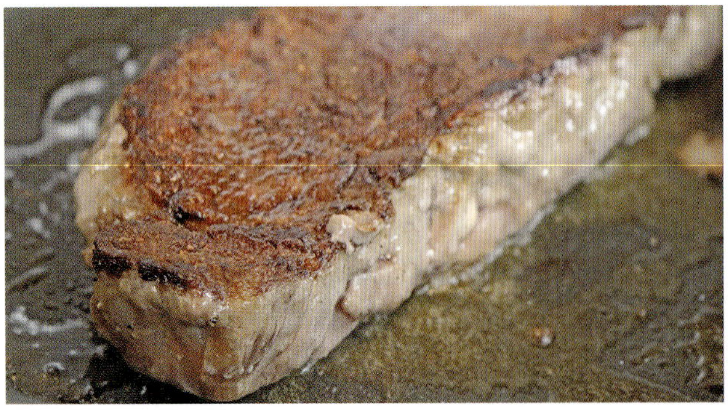

表面に肉汁がにじみ出てきたら中まで火が通ったサイン。ひっくり返してさらに3分程度焼く。
3分たったら火を止め、余熱（3～5分）で仕上げる。

●塩加減について
肉などの味の濃いものには分量に対して1～1.2%、スープや魚など淡泊のものには、0.8%の前後の塩を使う。
今回は400gの肉なので、4g程度の塩を用意する。

●黒こしょうと白こしょうの使い分け
黒こしょう：皮がある分香りが強いので、肉などの臭みがあるものに使う。
白こしょう：白身魚や仔牛肉などの臭みの少ないものに使う。

●ひきこしょうと粗びきこしょう
ひきこしょう（さらさらしたもの）の方が粗びきこしょう（粒の残っているもの）よりも辛みが強いので、素材や料理の仕上がりに合わせて使い分けを。

3 香草野菜とドレッシングをあえる

肉に余熱を通している間に、野菜とドレッシングをあえ、盛り付ける。エディブルフラワーがあれば彩りに添えて。

●香草野菜とは？　苦みのある野菜のこと。
ここではレストラン用に、一般では手に入りにくい野菜を使っている。
自宅では、ごく一般的なレタスや水菜を基本にして、セロリ、わさび菜、クレソン、ルッコラ、エンダイブ、パプリカの薄切りなど、好みのもので。

ハーブはあまり馴染みがない方もいると思うが、スーパーなどでハーブの売り場があればぜひ手に取り、お試しを。このドレッシングは苦みのある野菜とよく合い、また肉とサラダを交互にいただくと、両方のおいしさが引き立つ。

●エディブルフラワーとは？ Edible flower、食用花のこと。最近ではスーパーでも取り扱っている。
少量で、料理に彩りを添えてくれる。
※切り花や鉢植えなどの観賞用の花ではなく、必ず食用として売っている花を使うこと。

4 肉を切り、盛り付ける

今回は４人分 400gの量の肉なので、８等分（約50gずつ）に切る。
香草サラダの手前に２切れ、断面が見えるように盛り付ける。
スプーンを２本使って、ルッコラのペーストを肉の右側に添えて出来上がり。

シェフのひとこと

12

横浜ベイホテル東急
総料理長　曽我部 俊典

今回のレシピについて

体には体温を一定に保つ機能が備わっていますが、その機能以上の熱を受けやすい夏は、熱が体にこもりやすくなってしまいます。この熱のこもりが交感神経を優位に刺激し（自律神経の乱れ）、胃や腸の動きを鈍くさせ、食欲不振やもたれにつながります。暑さで冷たいものを多く取ってしまいがちになると栄養が偏り、より胃や腸の動きを鈍くさせてしまいます。

今回、火照った体を優しく冷ます「赤いフルーツとトマトの冷た～いスープ」に、食欲をそそる香草類の苦味やビネガーの酸味を上手に使った「香草サラダ」と「厚切りスタミナステーキとルッコラペースト添え」を紹介させていただきました。

また、味覚だけでなく、赤、黄色、緑を中心に視覚的にも食欲をそそる盛り付けにいたしました。「お肉?食欲があまりないのに…」という方にもぜひお試しいただき、厳しい夏を乗り切っていただきたいと思います。

横浜ベイホテル東急のブランディング　食材からスタッフまで

調理をする上で大切なことの一つは、食材それぞれの個性（うま味・良さ）を見極めながら手際良く丁寧に引き出し、テーマ（ゴール・目標）に向かってバランスを整えていくことだと思います。

例えば今回紹介させていただいた「冷たいトマトのスープ」の、トマト一つにしても完熟トマト、フルーツトマトなどといったさまざまな品種があり、また同じ品種でも季節や産地によって味が異なります。

今回は「食欲をそそる」というテーマがありますので、トマトのもつ、体を優しくいたわる酸味も必要と考え、種も一緒に調理いたしました。

おそらく教科書やレシピ本にはこのようなことまでは書かれていないかと思います。また、今回の料理だけでなく他の料理でも同様に、教科書通りに作っても同じにならない経験をされたことがあるかと思います。

もちろん基本の上に応用がありますので、教科書やレシピ本に書かれている基本的なことをよく理解することはとても大切です。ですがそれだけではなく、多くの見聞を深めながら感性を磨き創造力（柔軟性）をつけることも大切です。結果、それがその人の色の料理になり、料理をする楽しさにもつながると考えます。

少し話はそれますが、私は調理師でありホテルマンでもあります。お客様に満足いただけるような料理をお出しするだけでなく、ホテルマンとしてお客様へ料理の枠を超えた何かができないかということも常に考えています。

またホテルスタッフたちとも「心からのおもてなし」という同じベクトルで、自分の守備範囲だけにとらわれない、それぞれの素晴らしい色を出しながら、一丸となりお客様とのコミュニケーションを大切にしています。

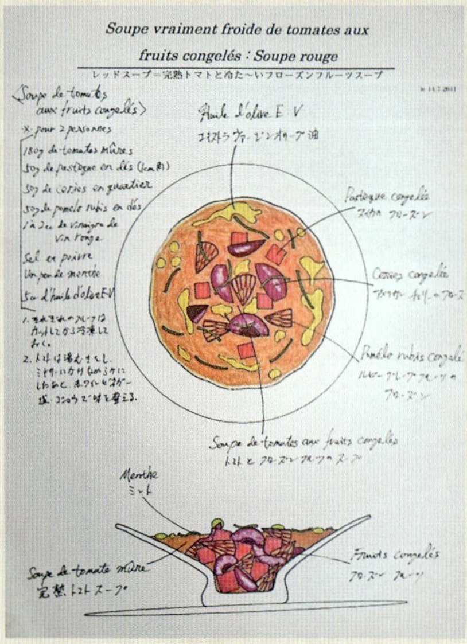

曽我部シェフの手描きのレシピ

栄養士のちょっとひといき

その12

今回は、彩り鮮やかで見た目からも元気になれる料理のご紹介です。
夏は気温も湿度も高くなり、夏バテや熱中症に気を付けたい時期になります。
甘味・酸味・塩味のバランスがよく、冷たくのどごしがよいため食欲が低下したときでも食べやすいスープと、サラダのほろ苦さとルッコラペーストのうま味が肉のおいしさを引き立てて食が進む豪華なステーキで暑い夏を乗り切りましょう。

● 夏バテや熱中症を予防するには暑さに負けない体力づくりが大切です

①栄養が偏らないバランスの良い食事

食事は主食（ご飯、パン、麺など）・主菜（魚、肉、卵、大豆製品など良質のたんぱく質を多く含む食品を使ったおかず）・副菜（野菜をたっぷり使ったおかず）を組み合わせて、栄養が偏らないように食べましょう。

②朝食をしっかり食べる

胃腸に過度な負担をかけないように夕食を食べ過ぎず、朝食をしっかり食べて日中に必要なエネルギーを補給しましょう。

③十分な睡眠と適度な運動と休養

睡眠をしっかりとり、適度な運動と休養で疲れをためないようにしましょう。

● 今回ご紹介した料理のポイント

赤いフルーツとトマトの冷た〜いスープ

暑いときに体温が上がりすぎないようにするためには汗をかくことが必要です。汗が蒸発するときに体の熱を逃してくれるからです。しかし汗を多量にかくことで、体の水分や塩分（ナトリウム）、カリウムなどのミネラルが失われます。この料理では、トマトやフルーツからたっぷりの水分・カリウム・ビタミンと適度な塩分・クエン酸・糖質などが効果的に補給でき、熱中症対策にもお勧めです。

夏は厚切りスタミナステーキ 香草サラダとルッコラペースト添え

ステーキからは必須アミノ酸をバランスよく含んだ肉の良質なたんぱく質、香草サラダとルッコラペーストからは野菜のビタミンやミネラルと、ナッツやオリーブオイルの酸化されにくい油である一価不飽和脂肪酸オレイン酸などが摂取でき、暑さに負けない体力をつけるのにピッタリです。

◆ 牛肉の種類・部位別栄養量（100g あたり）　参考：日本食品成分表 2018 七訂

種類	部位	エネルギー (kcal)	たんぱく質 (g)	脂質 (g)
輸入牛肉	サーロイン皮下脂肪なし	238	19.1	16.5
	サーロイン脂身つき	298	17.4	23.7
	もも皮下脂肪なし	149	20.0	6.7
	ヒレ	133	20.5	4.8
	ばら脂身つき	371	14.4	32.9
乳用肥育牛肉	サーロイン皮下脂肪なし	270	18.4	20.2
	サーロイン脂身つき	334	16.5	27.9
	もも皮下脂肪なし	181	20.5	9.9
	ヒレ	195	20.8	11.2
	ばら脂身つき	426	12.8	39.4
和牛肉	サーロイン皮下脂肪なし	456	12.9	42.5
	サーロイン脂身つき	498	11.7	47.5
	もも皮下脂肪なし	233	20.2	15.5
	ヒレ	223	19.1	15.0
	ばら脂身つき	517	11.0	50.0

● 今回の料理のエネルギーを減らしたいかたは

牛肉は種類や部位で栄養量が異なります。（今回は輸入牛ロース肉の余分な脂肪を除いて使用しました）
エネルギーや脂質を減らしたいかたは種類や部位を変えたり、肉やルッコラペーストの食べる量を減らしたりして調整してください。また組み合わせる主食を、全粒粉パンや玄米、雑穀米などの精製されていないものにすると、糖質を体内で利用するときに必要なビタミンB_1を補うことができます。

13 横浜ロイヤルパークホテル

いつもの食材が華麗に変身。
かんたんおいしい、プロの魔法

総料理長　髙橋 明

トマトのリヨン風ロースト
焼マグロと旬菜のオリーブアンチョビソース

**トマトのリヨン風ロースト
の１人分栄養**

エネルギー	230 kcal
たんぱく質	10.2 g
脂質	17.6 g
炭水化物	7.4 g
食塩相当量	1.0 g

※栄養量の算出について
小麦粉を使用しなかった場合。仕上げに振りかけたオリーブ油のうち、口に入った量は分量の 1/2 とした。

**焼マグロと旬菜のグリルの
１人分栄養量**

エネルギー	121 kcal
たんぱく質	13.6 g
脂質	6.4 g
炭水化物	2.0 g
食塩相当量	0.8 g

※栄養量の算出について
マグロと野菜にからめたオリーブ油のうち口に入った量は分量の 1/2 とした。

**オリーブアンチョビソースの
１人分栄養量**

	1/4 量（約 70g）	1/8 量（約 35g）
エネルギー	382 kcal	191 kcal
たんぱく質	1.0 g	0.5 g
脂質	40.8 g	20.4 g
炭水化物	1.5 g	0.8 g
食塩相当量	0.8 g	0.4 g

No.22

トマトのリヨン風ロースト

総料理長　高橋 明

洋食でいう朝食は、野菜、肉、卵が基本ですが、リヨンではこれらをひとつにまとめてローストして食べたりします。身近な材料が歓声の上がる前菜へと生まれ変わります

材料（4人分）

- ●トマト　4個
- ●小麦粉（水分が多い時に使う）適量

【詰め物】

- ●ソーセージ 100g
- ●溶き卵 150g（3個）
- ●ピザ用チーズ 20g
- ●パン粉 10g
- ●イタリアンパセリ　2g
- ●塩、こしょう 少々

【仕上げ用】

- ●オリーブオイル　40g
- ●イタリアンパセリ　5g（飾り用）

1　トマトをくり抜く

卵は溶いておく。イタリアンパセリが手に入らない時には、普通のパセリでOK。トマトは、ヘタの部分を1㎝ぐらいに切る。※ヘタは、最後にふたのようにしてのせるため、取っておく。

中身をくり抜く。器になるため薄くなりすぎないようにする。

※トマトの水分が多い場合（よく熟していた場合）、そのまま焼くとトマトの皮が破れて崩れてしまうため、くり抜いたトマトの内側に小麦粉を軽くまぶしておく。
そうすると小麦粉が余分な水分を吸いながら壁を作る役割をしてくれるため、皮が破れにくくなる。
ここでは、硬めのトマトだったためまぶしていない。

2 具材を刻む

ソーセージは５㎜に切っておく。食感を良くするためある程度大きくする。※ベーコンやハムでも代用可能。
パン粉、イタリアンパセリ、塩、こしょうと混ぜ合わせておく。

イタリアンパセリ２gを刻んでおく。※お好みで、タバスコをふりかけておくと、サルサ風になる。

3 トマトに詰め、オーブンで焼く

トマトの内側にさきほど混ぜた具材を詰める。溶き卵をそっと流し、ピザ用チーズとイタリアンパセリをのせる。
※器についたり、動かないようにするためトマトの下にはアルミホイルを敷く。オーブンシートでもOK。

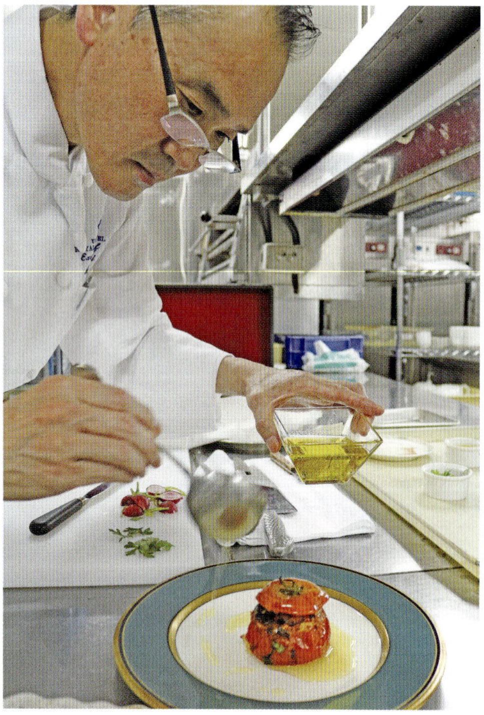

200℃で25分焼く。焼き始めから20分後にヘタをのせる。
器に移し、オリーブオイルと飾り用のイタリアンパセリ５gを散らして出来上がり。

No.23

焼マグロと旬菜のオリーブアンチョビソース

総料理長 髙橋 明

スーパーで手に入るお手頃なマグロが華やかなフレンチに大変身。
オリーブとアンチョビのソースが淡白なマグロとお野菜を引き立ててくれます

材料（4人分）

A
- ●マグロ（赤身のさく）240g
- ●塩、こしょう 適量
- ●オリーブ油 50g

B
- ●小かぶ 1個
- ●オクラ 4本
- ●しいたけ 4枚
- ●ラディッシュ 4本
- ●塩、こしょう 適量

【オリーブアンチョビソース】
- ●黒オリーブ 100g
- ●アンチョビ 10g
- ●ニンニク 6g
- ●ローズマリー 2g
- ●ケイパー 10g
- ●オリーブオイル 150g
- ●塩、こしょう 少々

1 マグロを焼く

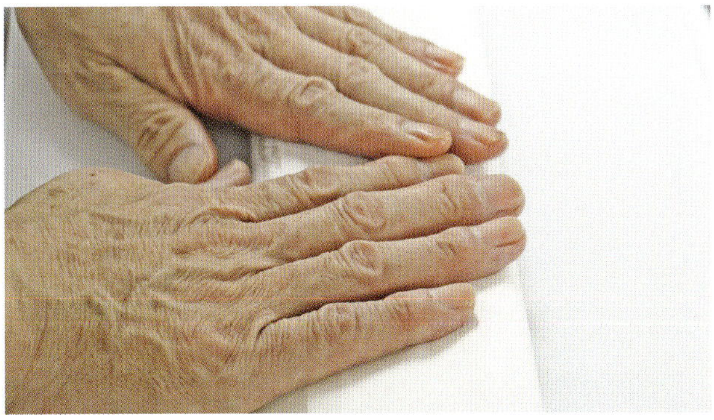

マグロはサシ（脂）の無い赤身を選ぶ。安い物でよい。キッチンペーパーなどで余分な水分を取っておく。
両面に塩・こしょうをしてから、オリーブオイルを両面にからめておく。

中火で熱した波型のフライパンで、20秒ずつ両面を焼く。

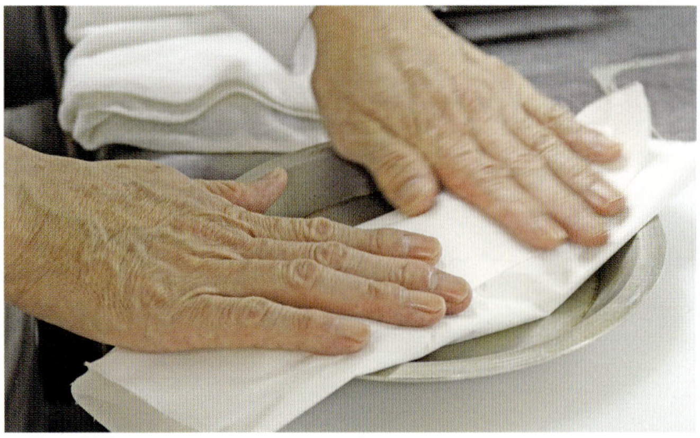

氷水へ10秒ぐらいつけて粗熱を取る。キッチンペーパーなどで水分を取っておく。

※このお料理には、ぜひ波型のフライパンの使用を。ホームセンターなどで入手できる。インターネットでは
「グリルパン」「グリルプレート」などで検索。油が下に落ちるため、肉料理などもヘルシーに焼き上がる。
焼き目がつくことで見た目も良く、ワンランク上の仕上がりになるのでひとつあると重宝し、お薦め。

2 野菜を切る

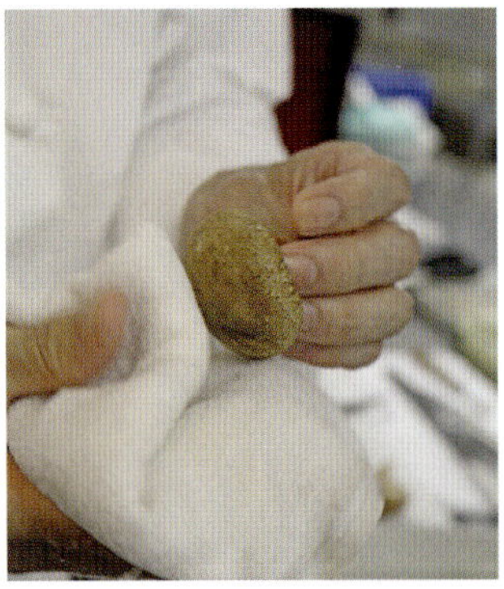

しいたけは洗わずにぬれ布巾などで汚れを取る。軸を取った後、Vに3カ所切り込みを入れて、飾り切りをする。

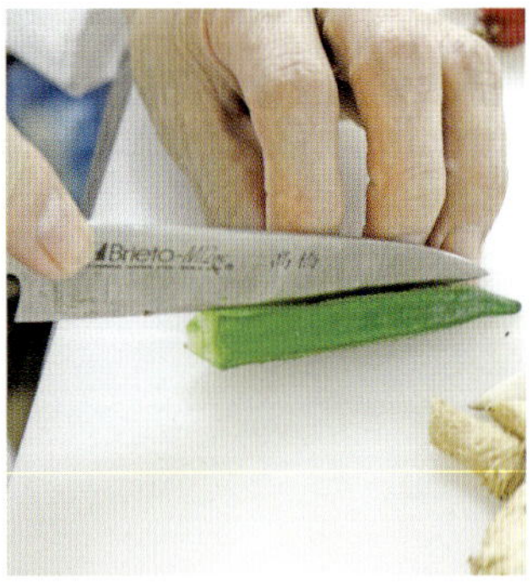

オクラはヘタを取り、写真のように面取りをする。縦半分に切っておく。

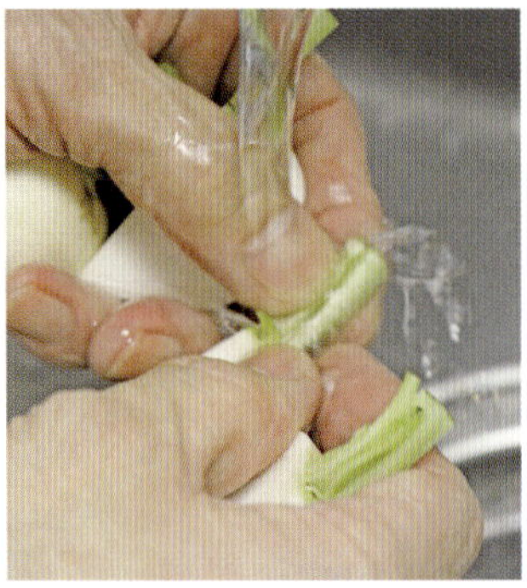

ラディッシュは洗ってから半分に切る。かぶは4等分にし、よく洗って葉の根元をきれいにする。葉の根元の黒い部分の皮を取り除いてから、皮をむく。

野菜を切り終わったら塩、こしょうをし、オリーブオイルをかけ、からめておく。

3 野菜を焼く

中火で焼く。しいたけ、オクラはしんなりするまで、かぶは竹串がすっと入るまで焼く。
※ラディッシュは生のまま使う。

4 オリーブアンチョビソースを作る

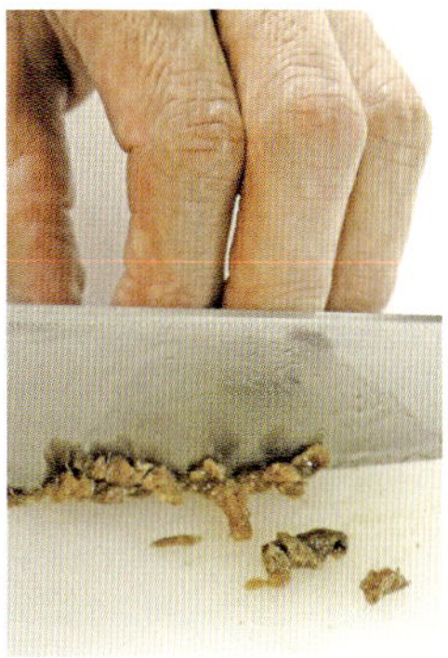

黒オリーブ、ローズマリー、アンチョビ、ケイパー、ニンニクをみじん切りにする。
ローズマリーは葉だけを取って使う。

※オリーブ、ケイパー、アンチョビはスーパーや輸入食材店で売っている（瓶詰または缶詰）。
ケイパーがない時は同量の白ワインビネガーでもOK。
ニンニクはチューブのニンニクの場合、小さじ2/3ぐらいを使用。

みじん切りにした材料をボウルに入れ、オリーブオイルと塩で調整する。

※このソースはバーニャカウダなどにも使えるが、どちらかというと肉より魚料理に合う。
もし肉料理に用いる場合、塩の代わりにみそやしょうゆで味つけも。

ケイパーやアンチョビなど、普段はあまりなじみがない材料だが、比較的手頃な値段で手に入る。
みじん切りにするだけで簡単に作れ、掛けるだけでお店のような味にランクアップする。
ぜひお試しを。

5 マグロを切り、盛り付ける

マグロは７～８㎜ぐらいの厚みに切る。

お皿に焼き上げたマグロ、野菜を彩りよく盛り付け、混ぜ合わせたオリーブアンチョビソースをマグロの上に流しかけて出来上がり。

※盛り付けについて
今回のような丸皿の場合は、マグロ、野菜類をそれぞれ直線になるように盛り付け、四角い皿の場合は、左下の角を中心に弧を描くように外側をマグロ、内側に野菜の順に盛り付けるのがコツ。

※この料理は、カジキマグロでも合う。カジキマグロの場合、生で食べることはできないので中心まで火をしっかり通すこと。

シェフのひとこと

⑬

横浜ロイヤルパークホテル
総料理長　髙橋　明

今回のレシピについて

買いやすい食材で、カフェレストランのようなワンランクアップの料理を作ります。

トマトのリヨン風ロースト

卵・ソーセージ・チーズ・トマト、朝食に用意するワンプレートの食材を、おしゃれにかわいらしくひとつにまとめました。いつも見慣れているプレートとは違い、ナイフとフォークが似合う料理です。

焼きマグロと旬菜のオリーブアンチョビーソース

グリルプレートを使ってマグロと野菜を焼き上げることによって、香ばしさが加わり、とても手の込んだ料理に出来上がります。さらにオリーブ・アンチョビといった食材のソースを添えれば、カフェのオードブルの完成です。ほんのり甘い白ワインとご一緒にどうぞ。

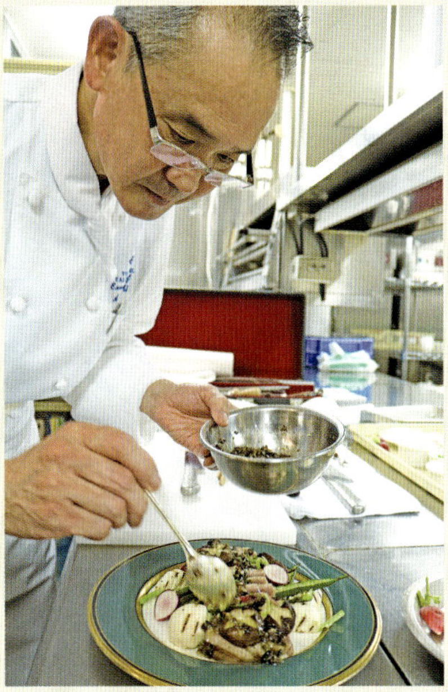

私の料理スタイル

ホテル一筋三八年の料理人生、基本的にはおいしい料理を作る。作る相手によってさじ加減は変わりません。

作る事の喜び、おいしいと言ってくれることのうれしさと満足。おいしい料理を口にして、怒る人はいないでしょう。瞬時に人を和ませる魔法の薬なのです。

だから私は最大限の技法を尽くし、最大限の愛情を持って、一品を完成させることを大事に思っています。

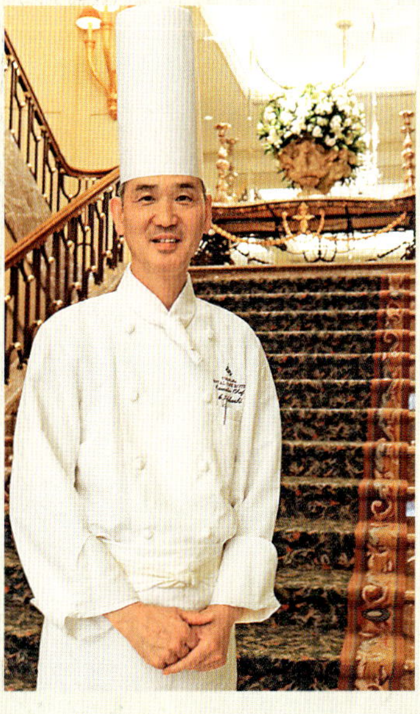

横浜みなとみらい

世界各国の方々がお見えになる国際都市。美しく整備されたウォーターフロント。そこにお出でになるたくさんの方々の胃袋を笑顔で満たすために、われわれ料理人は垣根を超えて努力を続けなくてはなりません。

新旧の文化・景観・食の素晴らしい融合都市「横浜みなとみらい」をさらに発展させ、最高のおもてなしで、皆様をお迎え致します。

栄養士のちょっとひといき

その13

今回ご紹介の料理は、普段の材料が素敵なおもてなし料理に変身します。
マグロは安価な部位でもオリーブとアンチョビのソースでおしゃれな味わいに変わります。組み合わせる野菜は季節ごとに旬のおいしさを取り入れてもよいでしょう。

● 今回使用した材料の栄養ひとくちメモ

◆ マグロ 刺身やすしねたの代表ともいえるマグロですが、赤身と脂身（トロ）とでは味わいも栄養素も異なります。

赤身 魚介類の中でもたんぱく質量はトップクラスで低エネルギー。また抗酸化作用のあるセレンが豊富に含まれています。

脂身（トロ） 脂質を多く含みますが、その脂質には不飽和脂肪酸のEPAやDHAが豊富で、適量を食べれば血栓予防や動脈硬化予防などにも有効です。しかしエネルギーは赤身の3倍近くありますので、食べ過ぎに気を付けましょう。

● EPA（エイコサペンタエン酸）とDHA（ドコサヘキサエン酸）

どちらも脂質を構成する主成分である脂肪酸のひとつです。n-3系（ω3）多価不飽和脂肪酸に分類され、青魚や魚油に多く含まれます。抗血栓作用やLDLコレステロールの低下作用があり、動脈硬化や認知症などの予防効果が報告されています。(脂肪酸についてはP84参照)

◆ マグロの種類、部位別栄養量（100gあたり）　参考：日本食品成分表2018七訂より

種類	エネルギー (kcal)	たんぱく質 (g)	脂質 (g)
きはだまぐろ	106	24.3	0.4
くろまぐろ赤身	125	26.4	1.4
くろまぐろ脂身	344	20.1	27.5
びんながまぐろ	117	26.0	0.7
みなみまぐろ赤身	93	21.6	0.1
みなみまぐろ脂身	352	20.3	28.3
めじまぐろ	152	25.2	4.8
めばちまぐろ	108	22.8	1.2

● 秋の食材

秋は暑い夏の疲れを取り、寒い冬に備えて体調を整える大切な時期です。秋になると新米が収穫され、魚には脂がのり、根菜や芋・きのこなどがおいしくなり、胃の働きを活発にしたり食物繊維を豊富に含みおなかの調子を整える物が多く出回ります。日々の献立に旬の食材を上手に取り入れましょう。

◆ 秋に旬をむかえるおもな食べもの

魚介類 秋刀魚（サンマ）、鮭（サケ）、鯖（サバ）、鯵（アジ）、鰹（カツオ）など

野菜類 青梗菜（チンゲンサイ）、蓮根（れんこん）、人参（にんじん）、玉葱（玉ねぎ）、茄子（なす）、茗荷（みょうが）など

果物類 柿（カキ）、梨（ナシ）、葡萄（ブドウ）、林檎（リンゴ）、無花果（イチジク）など

さつま芋、里芋、きのこ類、豆類、栗、銀杏など

● 今回の料理を取り入れた、エネルギー700kcal未満、塩分3g未満の参考メニュー

・焼きマグロと旬菜のオリーブアンチョビソース（ソースはレシピ表示の1/8量）
・トマトのリヨン風ロースト
・バゲット（フランスパン）2切れ
※さらにエネルギーを減らしたいかたは、オリーブアンチョビソースの量を控えめにし、トマトは小ぶりのものを使用して調理し、食べる量を加減するとよいでしょう。

クリスマスもお正月も。晴れの日に、自慢のごちそうレシピ

洋食総料理長
國領 清貴

骨付き鶏もも肉のコンフィ きのこのボルドレーズと彩り野菜添え
マグロのタタキ丼 グァカモレとともに

骨付き鶏もも肉のコンフィ きのこのボルドレーズと彩り野菜添えの１人分栄養量

エネルギー	447 kcal
たんぱく質	39.5 g
脂質	26.0 g
炭水化物	11.8 g
食塩相当量	1.9 g

※栄養量の算出について　鶏もも肉の廃棄率（骨）は20%、下味でマリネする岩塩の吸塩率は使用量の35%、コンフィの吸油率は素揚げと同様に考えて0.5%とした。鶏の皮側を焼くことで脂質等が減少するためエネルギー77%、たんぱく質95%、脂質68% で算出した。
参考資料：調理のためのベーシックデータ第４版（女子栄養大学出版部）

マグロのタタキ丼 グァカモレとともにの１人分栄養量（ご飯を除く）

エネルギー	296 kcal
たんぱく質	22.3 g
脂質	16.2 g
炭水化物	16.5 g
食塩相当量	3.4 g

※栄養量の算出について　マグロの下味で使用する塩の吸塩率は使用量の50%とした。しょうゆだれの「みりん」と「酒」は煮詰めてアルコール分を飛ばすためたんぱく質量と炭水化物量からエネルギーを算出した。
参考資料：調理のためのベーシックデータ第４版（女子栄養大学出版部）ご飯の栄養量はＰ66をご参照ください。

No.24

骨付き鶏もも肉のコンフィ
きのこのボルドレーズと彩り野菜添え

洋食総料理長　國領 清貴

オイルでじっくりと煮込んだ鶏肉はナイフを入れた瞬間にほぐれます。鶏肉はオイルに漬けたまま保存可能。準備をしておけば、お客様が来る当日は焼くだけでOK。どうやって作ったの？　と聞かれる一品です

材料（4人前）

●骨付き鶏もも肉 250g を 4 本

A

●岩塩（細かくしたもの）13.5g

●黒こしょう（つぶしたもの）少々

●ニンニク 1 個

●タイム 4 本

●ローリエ 2 枚

B

●サラダオイル 1 ℓ

●ラード 1 ℓ

【ソース】仕上がり 120cc/ 1 人前 30cc

●鶏がら 150g

●フォンドヴォー 250cc

●チキンブイヨン 125cc

●ニンニク（皮付き）半分

●コーンスターチまたは片栗粉 適量

【付け合せ】

●マッシュルーム 4 個

●メイクイーン 1 個 約200g

●しいたけ 4 個

●エシャロット 少々 ※玉ねぎで代用可。

●パセリ 少々

●ブロッコリー 4 個

●カリフラワー 4 個

●姫にんじん 4 本

●バター 少々

1　鶏肉をマリネして一晩寝かせる

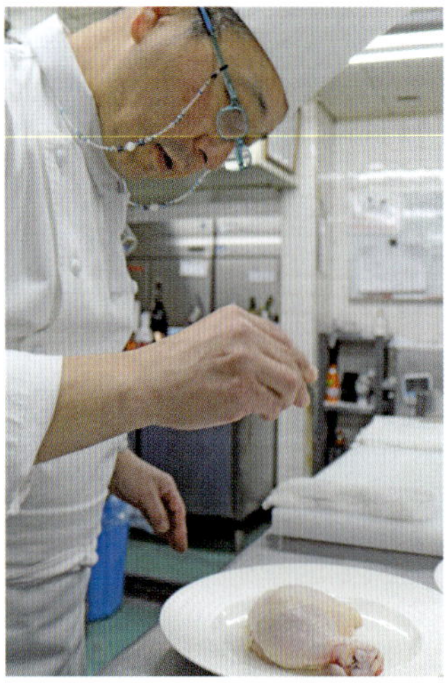

骨付き鶏もも肉に A の材料を振る。
なじませるためにラップをかけて、1 晩冷蔵庫に置く。

翌日、肉から余分な水分が出ているので、布やキッチンペーパーで拭き取る。

※うま味が流れてしまうため、水で洗わないようにする。

2 オイルでじっくりと煮込む

Ｂのラードとオイルを鍋に入れ、火にかけて溶かす。鶏もも肉を鍋に入れて、80℃でじっくりと火にかける。串を刺してスッと通ったら、オイルと一緒にバットに入れ、常温で冷ます。(約２時間)。冷めたら冷蔵庫で一晩寝かせる。

※油の温度が低い状態から鶏肉を入れるとアクが身に入らない。

※80℃にする時には、いったん90℃に上げてから80℃にする（90℃でアクを出すため)。80℃と90℃の目安は、ときどきぷくぷくと泡が出るのが80℃。(写真左）ポコポコと常に泡が出ているのが90℃以上。 温度計を使うと確実に測れる。

※オイルに漬けたまま冷蔵庫に入れれば、１カ月は保存可能。

※ラードはスーパーなどで200～250gのチューブタイプのものが売っている。

3 ソースを作る

ニンニクは皮つきのまま横にスライスし、フライパンで切り口がこんがりするまで焼く。
160～180℃のオーブンへ10分程度入れる。※ニンニクの生臭さをとり、香りを引き出します。

フライパンにサラダオイルを引き、火にかける。
小さくカットして水分を切った鶏がらをフライパンに入れ、オーブンに入れる。
180℃できつね色になるまで焼く。焼けた鶏がらはざるにあける。

ニンニク、鶏がら、フォンドボー、チキンブイヨンを鍋に入れ火にかける。
沸騰したらアクを取りながら中火で煮込む。

※フォンドボーはSBやハウス食品、ハインツなどから、フレークやペースト、缶詰めの物が市販されている。
※チキンブイヨンは、マギーブイヨンやチキンコンソメなどでも可。

味が出たら、ざるでこしてからまた火にかける。
アクをすくいながら少し煮詰め、塩、こしょうで味を整える。
水溶きコーンスターチ（片栗粉でもOK）で濃度をつける。

※ソースにタイムやエストラゴンを少々入れると香りが引き立つ。乾燥パセリでもよい。

4 付け合わせを作る

マッシュルームは洗わずに、布かペーパーで汚れを取り４等分する。
ジャガイモは下ゆでし、マッシュルームと同じ大きさに切る。
フライパンにサラダオイルをひき、ジャガイモから焼く。

※ジャガイモの下ゆでについて。
　約１％の濃度の塩を入れてゆでる。パスタをゆでる時と同じ。
　例：1ℓの水の時は10gの塩を入れる。
　ゆで上がりの目安は、皮が少し破れてきたころ、もしくは皮にうっすらと透明感が出たころ。

ジャガイモが温まったら、マッシュルームを入れる。中火にして、じっくりと焼く。

こんがりと色が付いたら、塩、こしょう、バターを加え味を整える。
最後にエシャロットのみじん切りを加え炒め、仕上げにパセリのみじん切りを加える。

ブロッコリー、カリフラワー、姫にんじん（皮をむく）はさっとゆでてざるにとり、バター少々をからめておく。

5 チキンをソテーし、盛り付ける

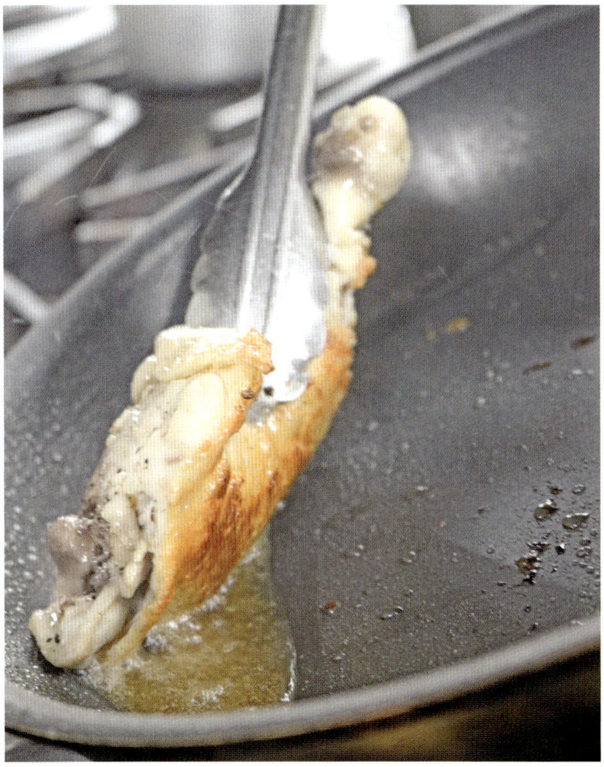

一晩寝かせた鶏もも肉をオイルから取り出し、キッチンペーパーなどでオイルをよく切る。テフロンのフライパンで中火で焼く。※皮側をカリッと、内側はしっとり感を出すために、鶏もも肉の内側は焼かない。

皮がこんがりと色付いたら、皮を上にしてバットなどに置き、カリッとなるまでオーブンで温める。160℃のオーブンで約７～８分。

奥の左手にジャガイモとマッシュルーム、右側にゆでた野菜を盛り付ける。

手前に鶏肉を置き、ソースをかけて出来上がり。

No.25

マグロのタタキ丼 グァカモレとともに

洋食総料理長 國領 清貴

あっさりとしたマグロと濃厚なアボカドを、特製のしょうゆだれがひとつにまとめてくれます。
食べ応えがあるのにさっぱりといただける一品です

材料（4 人分）

- マグロ（赤身）320g
- 塩 3.2g
- サラダオイル 適量
- ご飯 800g
- ベビーリーフミックス 適量
- フレンチドレッシング 適量
- イクラ 適量
- 万能ねぎ 適量

【グァカモレ（アボカドのソース）】

- アボカド 1 個半
- 玉ねぎ（みじん切り）30g
- トマト 4 分の 1 個
- サワークリーム 10g
- レモン汁 適量
- ハラペーニョ 適量
- 塩 適量

【しょうゆだれ】

- みりん 60cc
- 酒 60cc
- しょうゆ 60cc
- コーンスターチ
  または片栗粉 適量

1 マグロの下ごしらえをする

マグロのさくに１％の塩を振ってから、サラダオイルをすりこむように塗る。スライスしたニンニクとタイムをのせ、ラップをして一晩寝かせる。

翌日、水分とオイルをキッチンペーパーなどで拭き取る。
※翌日になると写真右上のようにマグロの色が変わるが、傷んでいるわけではない。

2 マグロを焼く

熱したフライパンに置く。中火で20秒ずつ両面を焼く。キッチンペーパーの上に置き、冷蔵庫で冷ます。

3 しょうゆだれを作る

みりんと酒を鍋に入れ、火にかけアルコールを飛ばし、半分に煮詰める。しょうゆを加え、沸騰したら煮詰めないで、水溶きコーンスターチ（または片栗粉）でとろみをつける。

※お肉、お魚、野菜など何にでも合う万能のソース。
冷蔵庫で保存しておけば毎日のお料理にとても役立つ。

4 グヮカモレソースを作る

玉ねぎはみじん切りにして、よく水にさらし辛味を抜く。布でよくしぼる。※よく水にさらす：30分ぐらいが目安。

完熟したトマトの湯むきをする。鍋に湯を沸かし、ボウルに氷水を用意する。トマトのヘタを取り十字に切り込みを入れ、熱湯に７～８秒くぐらせる。すぐ氷水に入れて２～３分冷やし皮をむく。

湯むきしたトマトの種を取り、さいの目に切る。ペーパーに平らに置き水分をよく切る。
※食感や苦味があるのを考えて種をとり除く。

アボカドは外皮を一周するようにナイフを入れ、ひねるようにして半分に割る。
種にナイフを刺して取り除く。皮を取りボウルに入れて、フォークでつぶすように混ぜる。
※食感を残すためフォークでつぶす。

イクラとねぎ以外の全ての材料を加え、味を整え仕上げる。ハラペーニョはお好みで。
20〜30分置くとなじんで良い味になる。

5 マグロを切って盛り付ける

マグロは7㎜の厚さに薄切りにする。器にご飯を200g盛り、粗熱を取る。しょうゆだれを10ccかける。
ベビーリーフミックスをドレッシングであえ、ご飯の上に盛る。マグロをのせ、しょうゆだれを20ccかける。
その上にグァカモレをスプーンで形を整えのせる。イクラと万能ねぎをのせて出来上がり。
※ベビーリーフミックスはスーパーなどで売っている。レタスなど、お好みの葉野菜でもお試しを。

シェフのひとこと

14
ローズホテル横浜
洋食総料理長　國領 清貴

今回のレシピについて

今回は家庭でも作れる料理を考えました。

私は洋食の料理人なので、和と洋の融合のマグロのたたき丼グァカモレ添えを作りました。マグロは日本人の誰もが好きな食材です。アボカドは森のバターとも言われ、ビタミンCが豊富な世界一栄養価の高い果物です。その二つを組み合わせた一品をご紹介しました。

温かいご飯にしょうゆ、みりん、お酒で作ったタレをかけ、サラダをフレンチドレッシングであえたものをのせました。その上にはマグロのたたきのスライスとしょうゆだれ、仕上げにグァカモレをのせ、イクラと万能ねぎを飾りました。

もう一品は、保存がきく鶏もも肉のコンフィを作りました。こちらは、前日に塩、こしょう、ニンニク、タイム、ローリエでマリネし、翌日にニンニク、タイム、ローリエを取り出し、油で弱火（約八〇度）で煮ました。火が入り、柔らかくなったら、油に漬け冷まします。これを冷蔵庫に保存すれば一カ月以上もちます。急なお客様が来ても鶏もも肉のコンフィがあれば、十分な一品料理として、おもてなしができます。ぜひ、ご家庭で作ってみてください。

食を通じて豊かな食文化を横浜へ

横浜ガストロノミ協議会とは、横浜を愛する和、洋、中の食のプロフェッショナルたちの集まりです。シェフ、パティシエ、ソムリエたちによる横浜の文化への振興を目的とした活動を行っています。

市内の小学校で子どもたちと一緒に料理を作り、食の楽しさと大切さを伝える食育活動を。また市民の方々を対象にした料理教室や健康レシピ集の制作などをしました。それらの取り組みの貢献により二〇一七年十一月に横浜市長より横浜ガストロノミ協議会へ表彰状をいただき、会員の今後の活動への励みになりました。

ローズホテル横浜では、山手クッキングサロンを開設いたしました。シェフによるご家庭で楽しめるフランス料理のコース仕立てや、パティシエの季節のデザートのコツをご紹介します。お気軽にご参加くださいますよう、お待ちしております。

料理への思い・料理人として

私が料理を作る時に、気を付けていることは、味のバランスです。塩味、甘味、酸味、渋味、辛味、苦味（ほろ苦さ）この六種類の味をうまく組み合わせることで料理の味の完成度が高まります。

ただ、これだけだとお客様はおいしいだけで終わってしまいます。大事なことがあります。それは香りです。香りは三百種類くらいあります。世界各国の香辛料、香草、お酒などを使い香りをつけることで、料理に奥深さが出てきます。料理を作る時に、どのタイミングで香辛料、香草、お酒（ワイン、ブランデー、ベルモット酒など）をソースに加えるかを考えながら作ります。

また味の足し算だけではなく引き算もして、味と香りがバランス良く集約された、心に響く一皿に仕上げるように努力しています。

厨房にいる時は、お客様の顔が見えないため、自己満足や思いの押しつけにならないように、食べていただく時をイメージしながら、一人一人にご満足していただけるように心掛けています。

私の料理を召し上がっていただき、おいしいという言葉と笑顔に出会えた時、料理人になって良かったと感じる瞬間であります。

ローズホテル横浜にて皆様に心に残るひと時を、お過ごしいただきたいと思います。

栄養士のちょっとひといき

その14

今回の料理は、それぞれ単品でごちそうになる料理です。
コンフィはもともと保存食ですので、時間に余裕があるときに煮てオイルごと冷蔵庫で保存しておけば、当日は短時間で料理を作ることができます。
どちらの料理も普段の食事だけではなく、おもてなしやパーティー、お正月料理に変化をつけたいときなど、特別な一品としてもご活用ください。

● 今回使用した材料の栄養ひとくちメモ

アボカドは森のバターともいわれ世界一栄養価の高い果物としてギネスブックに登録されています。
以前日本では、熟した皮がワニの背中の肌に似ていることから「ワニナシ」と呼ばれていました。
また果物には珍しく、豊富な脂質とカリウム・マグネシウム・ビタミンE・ビタミンB群・食物繊維など多くの栄養素を含んでいます。特に脂質は20%近くを占め、そのうち50%以上が一価不飽和脂肪酸であるオレイン酸です。オレイン酸にはＬＤＬコレステロールの低下や動脈硬化予防の効果などが報告されています。(脂肪酸についてはP84参照)
生食の果物では最も高エネルギーですので、体力回復や成長期の栄養補給にもお勧めですが、ダイエット中のかたは食べ過ぎないように注意しましょう。

アボカドの食べごろは…？

果皮が緑色で軽く押したときに硬いものはまだ未熟な状態です。常温で放置しておくと追熟しておいしくなります。熟度が進むと果皮が黒く変色していきますので、表皮を軽く押して柔らかさを感じるようになったら食べごろです。果肉は空気に触れるとどんどん変色していきます。レモン汁などの酸をかけると変色を抑えることができます。

◆ アボカドとおもな果物の栄養量（可食部100gあたり）

参考：日本食品成分表 2018 七訂

種類	エネルギー (kcal)	たんぱく質 (g)	脂質 (g)	炭水化物 (g)	中1個あたりの正味量 (g)
アボカド	187	2.5	18.7	6.2	140
バナナ	86	1.1	0.2	22.5	90
りんご	57	0.1	0.2	15.5	213
うんしゅうみかん	46	0.7	0.1	12.0	80
なし	43	0.3	0.1	11.3	255
かき	60	0.4	0.2	15.9	182
ぶどう	59	0.4	0.1	15.7	大10粒64

● 今回の料理のエネルギーを減らしたいかたは

鮪（マグロ）のタタキ丼　グァカモレとともに

ご飯の量で調整しましょう。レシピと同じ量のご飯（1人200g）で盛り付けると1人前で632kcalになります。ご飯を半分にすると464kcalです。
エネルギーコントロールをされているかたは、いつも茶碗で食べているときと同量のご飯にするとよいでしょう。

骨付き鶏もも肉のコンフィ　きのこのボルドレーズと彩り野菜添え

仕上げに皮側をしっかり焼くことで、皮の近くにある脂をかなり減らすことができます。
焼いているときにフライパンにたまった油脂はキッチンペーパーなどで拭き取りながら焼くと、よりパリッと焼き上がります。さらにエネルギーを減らしたいかたは、肉を食べる量や付け合わせを作るときの油の使用量で調整しましょう。

イオスガーデン　15

旬野菜の恵みをいただく。
体の中から美しく、元気になるレシピ

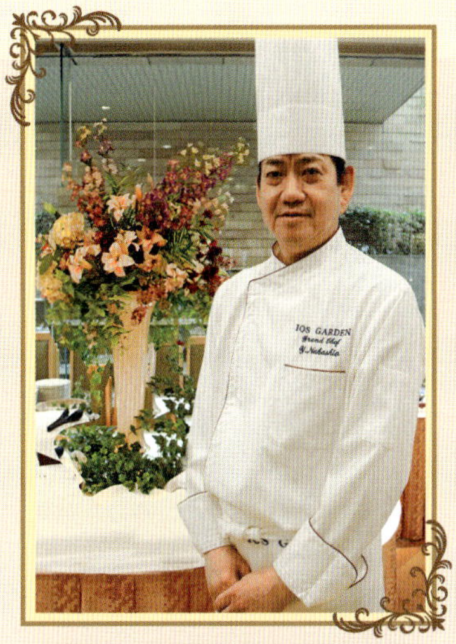

料理長　中塩 義明

ガスパチョ
サーモンのプロヴァンサルソース

ガスパチョの１人分栄養量

	1/4 量	1/8 量
エネルギー	191 kcal	104 kcal
たんぱく質	3.7 g	2.9 g
脂質	12.8 g	6.9 g
炭水化物	15.9 g	8.3 g
食塩相当量	1.4 g	0.7 g

サーモンのプロヴァンサルソースの栄養量
1/4 のソースと付け合わせ野菜を含めた１人分栄養量

サーモン 1切れ	大 120g	やや大 100g	中 80g
エネルギー	566kcal	512kcal	459kcal
たんぱく質	27.4 g	23.4 g	19.4 g
脂質	43.5 g	39.9 g	36.3 g
炭水化物	13.4 g	12.6 g	11.8 g
食塩相当量	1.6 g	1.5 g	1.4 g

No.26

ガスパチョ

料理長　中塩 義明

たくさんの野菜を冷たいスープに。野菜のおいしさと栄養をじっくりと味わえる一品です。
滑らかで飲みやすく、お子さんやご年配の方、野菜の苦手な方にもお勧めです

材料（4 人分）

●トマト 600g
●きゅうり 100g
●玉ねぎ 50g
●セロリ 40g
●パプリカ 70g
●ニンニク 0.5 かけ
●オリーブオイル 45g
●食パン（みみを取る）40g

【調味料】
●水 30cc
●白ワインビネガー 15cc
●塩 5 g
●こしょう少々

【味の調整用】
●塩、レモン汁、タバスコ各適量

【飾り用】
●海老、タコ（ゆでたもの）各適量
●セルフィーユ 、クルトン、
● EX オリーブオイル 各適量

1　野菜を切る

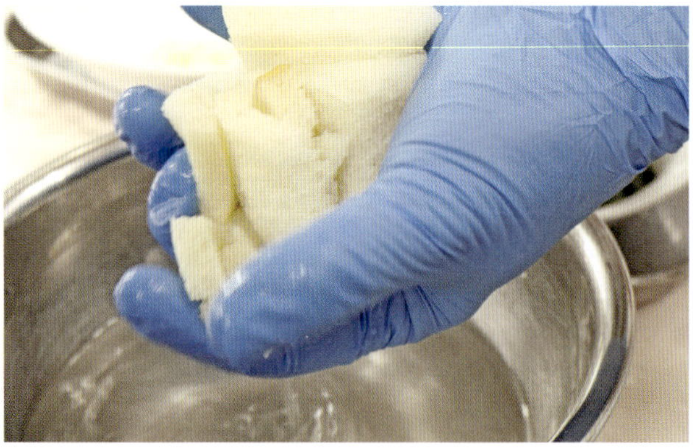

ニンニクはみじん切りにする。玉ねぎ、トマト（種はそのまま）、パプリカ、セロリ、きゅうりは２～３㎝の大きさに切る。あとでミキサーにかけるので、大まかでよい。

パンは水にひたし、軽くしぼっておく。

2 ミキサーにかける

野菜は、1度に全部入れず2回に分けてミキサーにかける。
硬いもの（きゅうり、玉ねぎ、セロリ、パプリカ、ニンニク）を先にかけて滑らかになってから、柔らかいもの（トマト）を入れてミキサーを回す。

※硬いものと柔らかいものを同時に入れてミキサーにかけると、空気が多く混ざり、口当たりが悪くなってしまうため。

均一な仕上がりにするため時々スイッチを止め、ヘラで内側に付いた野菜を落とす。

滑らかになったら調味料を入れて再度ミキサーを回す。

3 網でこし、盛り付ける

網を使ってスープをこす。ゴムべらやしゃもじなどを使って押すようにして混ぜながら、写真のようになるまで絞り出す。こした後は非常に滑らかで口当たりがよくなる。ラップをして、一晩寝かせる。
※一晩寝かせることで、味がなじみ、まろやかになる。

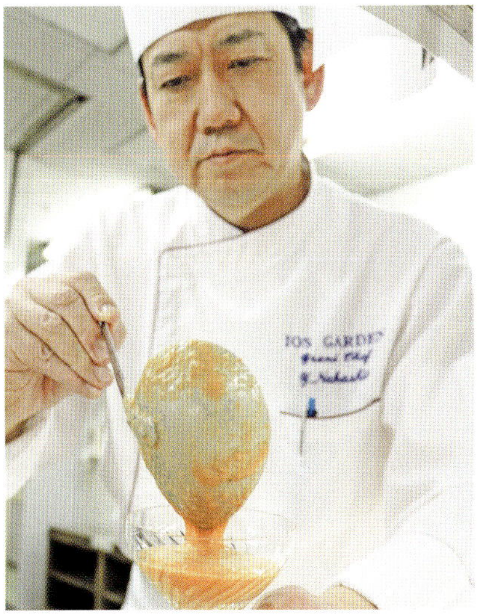

味見をして、塩、こしょうで味の調整をする。ガラスの器などに盛り付ける。タコと海老は沈まないよう、薄く切ってのせる。セルフィーユ、クルトンを散らし、バジルソースをかけて出来上がり。

※バジルソースは、市販のバジルペーストをオリーブオイルでのばしたものでもよい。
バジルペーストは瓶詰で、スーパーなどで売っている。

No.27

サーモンのプロヴァンサルソース

料理長　中塩 義明

こんがり焼き上げた鮭と野菜に、深みのあるソースをかけて。添えられたたっぷりの野菜がうれしい一品。
家庭だとつい焼きすぎてしまう鮭は、さっと焼いた後、余熱で火を通してしっとりと仕上げます

材料（4 人分）

●銀鮭 120g を 4 切れ
●塩、こしょう 少々
●薄力粉　適量
●オリーブオイル 適量
●バター 少々

【付け合わせ】
●キャベツ 160g
●菜の花　40g
●なす 60g
●パプリカ 40g
●たけのこの水煮 4 カット
●そら豆 2 個
●バター適量
●塩、こしょう 少々
●揚げ油　適量
●バジルソース 適量

【ソース】
●玉ねぎ 40g
●トマト 1/2 個
●オリーブオイル 小さじ 1
●白ワインビネガー 8cc
●白ワイン 32cc
●ケッパー 3.5g
●塩 1.2g
●ジュドコキーユ 6g
（昆布茶で代用可能）
●黒オリーブ（種なし）12g
●オリーブオイル 32g
●レモン 1 スライス分の汁

1　下ごしらえをする

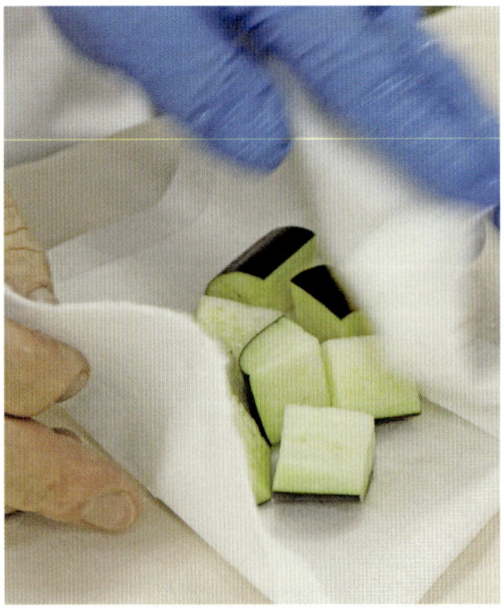

玉ねぎとトマトは 1 cm角に、黒オリーブは 3 mm程度の薄切りにしておく。キャベツはざくざくと大きめに切る。パプリカは仕上がり写真（P126）のように三角形に切る。たけのこは 1 cmの厚さに切る。

そら豆はサヤから取り出し（薄皮はむかずに）、沸騰したお湯に入れる。小さいサイズのものは、約 1 分ぐらいゆで、味見をして火が通ったら取り出す。身が縮まないよう、取り出したら水にさらさない。冷めたら薄皮をむき、軽く塩を振る。

なすは 2 cmぐらいの幅で輪切りしたあと 4 分割する。水にしばらくさらしてあくを抜いた後、水気を取る。

キャベツはしんなりするまでゆで、キッチンペーパーなどで水気を切る。弱火で熱したフライパンにバターを1片を入れ、完全に溶かす。※少し香ばしさを出すため。
キャベツを入れ、手早くバターをからませたら火を止める。

菜の花は茎の部分をつまんで少し柔らかくなるまでゆでる。

なすは170℃前後のやや低めの温度で約20秒揚げる。触ってみてスポンジのように柔らかくなっていたら引き上げる。
パプリカも同じ温度で、約20秒揚げる。油の温度が高いと、先端が焦げてしまうため注意。軽く塩をしておく。

たけのこは、水煮たけのこの場合は、軽く湯通しし、バーナーがあればあぶって焼き目をつける（つけなくても良い）。

2 ソースを作る

フライパンに少量のオリーブオイルをひき、玉ねぎをやや透明感が出るぐらいまで炒める。
白ワインビネガー、白ワインを注ぎ1/3の量になるまでゆっくり煮詰める。

煮詰まったら、塩、ジュドコキーユ、オリーブオイル、ケッパーを加え、沸騰したら黒オリーブ、レモン汁、トマトを入れて味を調える。
トマトは最後に入れる。

※ジュドコキーユとは？　貝類を煮た汁を煮詰めたもの。市販ではネスレの商品がある。手に入らない場合は昆布茶耳かき1杯程度で代用可能。

3 鮭を焼き、盛り付ける

塩、こしょうをしてから小麦粉をまぶす。フライパンにオリーブオイルをひき、中火で熱してから皮を下にして鮭を置く。少ししたらバター１片を加える。

※強火だとバターが焦げるので注意。片面１分ぐらいずつ焼く。しっとりとした仕上がりにするには、弱めの火加減（中火～やや弱火）と余熱を上手に使うこと。焼き過ぎに注意。

皿にキャベツを敷き、鮭をのせる。菜の花、たけのこ、そら豆、なすを盛り付ける。ソースをかける。パプリカを飾り、バジルソースを散らすようにかけ、出来上がり。

※このソースに粒マスタードを入れると鶏肉に合うソースになる。
付け合わせの野菜は、季節に合わせて変えるとよい。

フランスパン２切れ（60g相当）の栄養量

エネルギー	167 kcal
たんぱく質	5.6 g
脂質	0.8 g
炭水化物	34.5 g
食塩相当量	1 g

シェフのひとこと

15

イオスガーデン
料理長　中塩　義明

今回のレシピについて

ガスパチョ（スペインの冷製スープ）

トマトをベースにたくさんの野菜をミキサーにかけフレッシュ感を残したまま味わっていただきます。

トマトが最もおいしい旬は夏のイメージですが、高温多湿に向いていないため、真夏のトマトは味的にはベストとは言えないのです。味的に最も旬といえるのは、春から初夏の時期と秋。この時期、日光をたくさん浴び比較的乾燥した気候の中でトマトは糖度を上げ栄養価も高くなります。

サーモンのムニエル プロヴァンサルソース

オリーブオイルをベースにトマトと野菜を使った南仏風のソースです。まろやかな酸味で食欲をそそる一品に仕上げました。フレンチのソースは家庭で難しいと思われますが、ちょっとしたコツでかんたんに、お洒落でおいしくできるようご紹介させていただきました。

体に優しい料理

ヘルシー、ナチュラル、オーガニック、スローフード…キーワードはさまざまですが、私が注目したいのが体に優しい料理です。

「外食続きで栄養が偏っている」といった言葉がごく普通に聞かれた時代から、今や「野菜不足だからレストランに行って補いたい」という時代になってきたと思います。

作り手の顔がわかる安心・安全な有機栽培や新鮮な地場野菜などを、バラエティー豊かに堪能することは、家庭ではなかなか難しいと思います。ある意味、非常にぜいたくな一皿と言えるのかもしれません。

そもそも、「レストラン」のフランス語源は「元気を回復する」という意味です。時間に追われ、ストレスがたまり病気とはいかないまでも、どこか体調がすっきりしない。肉体労働よりも頭脳労働の多い現代人がレストランに求めるのは高カロリーでこってりとした料理よりも、疲れた心身を癒してくれる優しい料理です。時にはスタミナ料理でパワーをつけたいこともありますが、体に優しい料理の店の方が通う頻度が高いですし、家庭でも同じ事がいえると思います。

メニューを考える時は、メインの食材、野菜、香り、ソースでバランスの良い一皿をご提供できるように心掛け、仕上げています。

栄養士のちょっとひといき

その 15

今回の料理は、野菜がたっぷりとれる、とても華やかな二品です。ガスパチョは飲むサラダともいわれる冷たいスープ。一品（レシピの 1/4 量）で 1 日の野菜摂取目標量（350g）の半分以上をとることができます。まとめて作って冷凍保存も可能ですので、忙しいかたの朝食にもピッタリです。サーモンのプロヴァンサルソースは、身近な魚であるサーモンとたっぷりの季節野菜を組み合わせた、彩り鮮やかな料理です。付け合わせの野菜は季節ごとに旬のものを取り入れてみましょう。

● 今回使用した材料の栄養ひとくちメモ

鮭（サケ）

日本（特に東日本）ではなじみ深い魚であるサケとマス。実は両者に明確な区分はありません。英語では、海に下るものをサーモン salmon（サケ）、一生淡水域で過ごすものをトラウト trout（マス）と呼ぶようですが、カラフトマスは海洋生活を送ります。

一般的にサケと呼ばれるものはシロサケをさします。よくすし種として使われるのはタイセイヨウサケです。今回は脂のりが良くしっとりしているギンザケを使用しました。種類によりそれぞれの味わいがありますので、料理や用途により使い分けてください。

またサケ（マス）は赤身魚と思われがちですが、分類上は白身魚です。身や卵の紅い色はアスタキサンチンというカルテノイド系色素です。アスタキサンチンは高い抗酸化作用があるため、老化予防や動脈硬化予防など健康への効果が報告されています。カルシウムの吸収を促進するビタミンDも豊富に含まれているため、シチューやグラタンなどカルシウムを多く含む乳製品と組み合わせた料理もお勧めです。

◆ サケ・マスのおもな栄養量と別名（可食部100gあたり）

参考：日本食品成分表 2018 七訂

種類	エネルギー (kcal)	たんぱく質 (g)	脂質 (g)	炭水化物 (g)	別名
からふとます	154	21.7	6.6	0.1	あおます
ぎんざけ	204	19.6	12.8	0.3	ぎんます
さくらます	161	20.9	7.7	0.1	ます
しろさけ	133	22.3	4.1	0.1	さけ、あきさけ、あきあじ
たいせいようさけ	237	20.1	16.1	0.1	アトランティックサーモン
にじます	224	21.4	14.2	0.1	サーモントラウト
べにざけ	138	22.5	4.5	0.1	べにます
ますのすけ	200	19.5	12.5	微量	キングサーモン

● 今回の料理のエネルギーを減らしたいかたは

ガスパチョ

特に高エネルギーの料理ではありませんが、摂取量で調整しましょう。また今回のレシピで作ると、多くのかたに飲みやすい、滑らかな優しい味に仕上がります。少し滑らかさは劣りますが、家庭では網でこさなくても十分おいしくいただけます。使用する材料や分量は、お好みで工夫してみてください。

サーモンのプロヴァンサルソース

サーモンの大きさは栄養量を参考に調整してください。今回のレシピでは家庭で作りやすいようにムニエルでご紹介しましたが、塩・こしょうと少量の白ワインを振って蒸しても、上品でおいしい仕上がりになります。その場合、ムニエルより60kcal 程度エネルギーを減らすことができます。

ヨコハマ グランド インターコンチネンタル ホテル　16

野菜と大豆を使った“おいしくて、美しい”ベジタリアンメニュー

彩り野菜と大根ピクルスのカリフォルニアサラダ豆乳ソースの１人分栄養量

エネルギー	262 kcal
たんぱく質	10.8 g
脂質	16.2 g
炭水化物	20.3 g
食塩相当量	0.6 g

※栄養量の算出について
大根ピクルスの漬汁は 1/2 量が吸収されたものとする。

大豆ミートとなすグラタン全粒粉パスタ添えの１人分栄養量

エネルギー	393 kcal
たんぱく質	13.9 g
脂質	18.8 g
炭水化物	43.2 g
食塩相当量	1.4 g

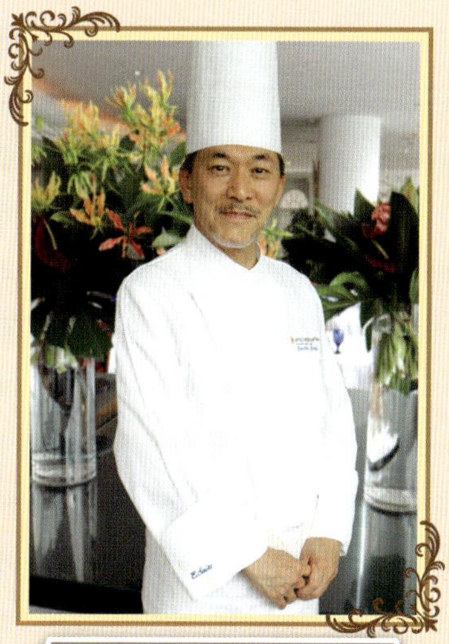

総料理長　齊藤 悦夫

彩り野菜と大根ピクルスのカリフォルニアサラダ 豆乳ソース
大豆ミートとなすグラタン全粒粉パスタ添え

No.28

彩り野菜と大根ピクルスの カリフォルニアサラダ 豆乳ソース

総料理長　齊藤 悦夫

器も野菜。コクのある豆乳ソースが野菜のおいしさを引き立て、満足感を与えてくれます。
歯応えも楽しく、あしらわれた野菜が美しい一品です

材料(4 人分)

【大根ピクルス】(ケースとして使う)
●大根 240g
●ワインビネガー 100cc
●水 100cc
●オリゴ糖 50cc
●塩　2g

【彩り野菜】(周りにあしらう)
●にんじん 20g
●ズッキーニ 20g
●大根 20g
●ブロッコリー 20g
●パパイヤ 20g
●メロン 20g
●スプラウト 適量

【カリフォルニアサラダ】
●アーモンド 12g
●クルミ 12g
●ピスタチオ 8g
●ドライアプリコット 12g
●ドライマンゴー 12g
●ドライアップル 12g
●レーズン 12g
●ミックスビーンズ（*）60g
●アップルビネガー 40cc
●EV オリーブオイル 40cc

【豆乳ソース】
●豆腐(絹ごし) 100g
●豆乳 60cc
●ほうれん草 50g
●昆布と野菜の焼きだし 30cc

1 大根のピクルスを作る

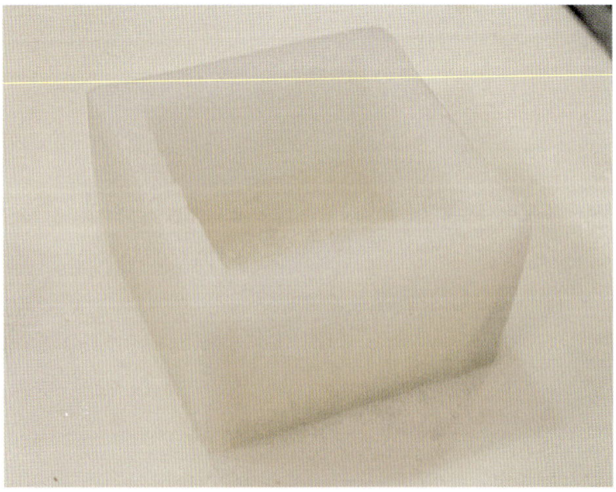

鍋にワインビネガー、水、オリゴ糖、塩を入れ沸騰させる。
四角く整形した大根を入れ、弱火で加熱する。

大根が柔らかくなったら火を止め、汁に漬けたまま冷まし、一晩冷蔵庫で寝かせる。翌日ピクルスの水を切り、整形する。

【大根の器の作り方】

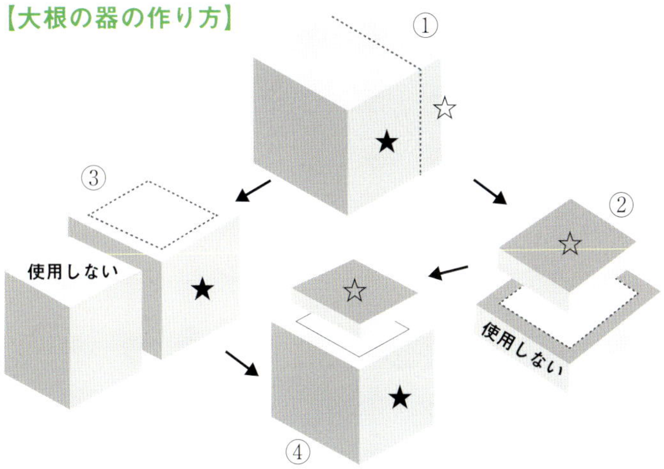

①底になる部分(☆)を、約1cm切る。
②☆の四方を1cmずつ切る。
③器になるように四角く切り出す(★)。
④☆を、★にはめ込み、底にする。

2 豆乳ソースを作る

※動物性素材を使わない、だしのもとが市販されている。

豆腐は軽く塩を振りなじませ、キッチンペーパーなどに包み、冷蔵庫に一晩置き、水切りをする。
調理する際に再度、軽く塩とコショウを振る。

ほうれん草は塩ゆでして冷まし、水を切っておく。豆腐とほうれん草をフードプロセッサーにかける。滑らかになったら豆乳を加え、濃度を調整する。味を確認しながらだしを加え、オリーブオイルで調える。

3 カリフォルニアサラダを作る

全ての材料を食べやすく同じ大きさにそろえる。切り方は、ミックスビーンズと同じぐらいの大きさにする。
アップルビネガーとEVオリーブオイルで味付けをする。
＊ビネガー、オリーブオイルを入れた状態で一晩寝かせると味がよくなじみ、おいしくなる。

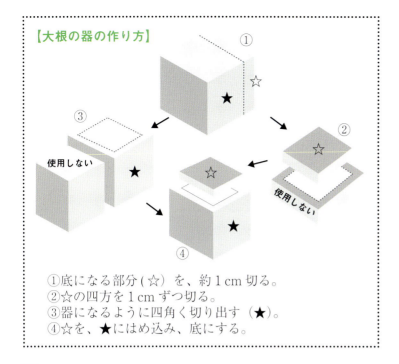

4 野菜をくり抜き、ゆでる

にんじん、ズッキーニ、大根は丸くくり抜く。ブロッコリーは小さく切る。
歯応えが残る程度に軽く塩ゆでして水を切っておく。
パパイヤ、メロンも同じようにくり抜く。スプラウトは葉先を使う。

※くり抜き器は、デパートなどのキッチン用品売り場やホームセンターなどで売っている。
※くり抜いてからゆでた方が形がきれいにできる。

5 盛り付ける

野菜をバランスよく丸く並べ、スプラウトをあしらう。中央に豆乳ソースを置く。
その上に大根のピクルス、カリフォルニアサラダを盛り付け、出来上がり。

No.29

大豆ミートとなすグラタン　全粒粉パスタ添え

総料理長　齊藤 悦夫

お肉のような食感の大豆ミートを使ったソースは、お味も満足感も
お肉と変わりません。野菜をおいしくいただく工夫が満載です

材料（4人前）

【なすのグラタン】
●なす 4本
●大豆ミート（※1）40g
●にんじん 100g
●セロリ 45g
●昆布だし 200cc
●トマト（Mサイズ）3個

【木の実と豆のサラダ】
●ミックスビーンズ（※2）230g
●ピスタチオ 10g
●アーモンド 15g
●クルミ 15g
● EVオリーブオイル 適宜
●シェリービネガー 適宜

【全粒粉パスタ】
●全粒粉生パスタ（※3）120g
●豆乳（または豆乳ホイップ）60cc
●セルフィーユやイタリアンパセリ（飾り用）適宜

※1 大豆ミートは、大豆の加工食品。水で戻すと肉のような食感になる。低脂肪・低カロリー・高たんぱくで健康食品として注目されている。乾燥したものや、すでに水で戻してあるレトルトパックのものがある。

※2 ミックスビーンズは、ヒヨコマメ、青エンドウ、レッドキドニーの3種類がミックスされているもの。缶詰めやパック詰めにしてあり、すぐに使用できる。スーパーなどで手軽に手に入る。

※3 パスタは、全粒粉の入っている物の方が香ばしい。生パスタ、乾燥パスタどちらでも可。麺の幅の広い、タリアテッレがおすすめ。

1 なすの下ごしらえをする

丸なすの場合は、へたの少し下から水平に切り、身の部分を少しくり抜き、器のようにする（写真左）。
※長なすの場合は、縦に2つに切ってくり抜き、横長の器にする。

なすをラップに包み電子レンジで40～50秒加熱する。触って少し柔らかくなっていればOK。オリーブオイルを少々振りかけ、浸透させるため再びラップをして置いておく。

くり抜いたなすの身は、後で使うので取っておく。

2 大豆ミートの下ごしらえをする

既に水で戻してあるそぼろ状の大豆ミートは、ざるにあけて水を切る。お湯でしばらくゆでて、臭みを取る。冷水でよく洗いアクをとり、よくしぼる。
※乾燥の大豆ミートを使用する場合は、十分に水で戻す。その後よくゆでて、よく洗い豆の匂いやアクをとる。

3 ミートソースを作る

トマトは湯むきして皮と種を取り除き、細かく切っておく。にんじん、セロリをさいの目に切り、大豆ミートと一緒にオリーブオイルで炒める。
しんなりしてきたら、くり抜いたなすの身を加えて炒める。なすがしんなりしたら、トマトを加え煮込む。とろみがついたら、昆布だしを加える。※仕上がりの60%をなすのグラタンに使い、残りはパスタに使う。

4 なすを焼く

なすにミートソースを詰め、オリーブオイルを少々かける。180℃のオーブンで３分ほど焼く。
※写真のようにアルミホイルを巻きつけて土台にしておくと、なすが倒れずきれいに焼き上がる。

5 パスタを作り、盛り付ける

パスタをゆでる（ゆで時間はパスタの袋の表示に従う）。
なすグラタンに使用した残りの大豆ミートソースに豆乳を加え、とろみがつくまで加熱する。

アルデンテにゆでたパスタをソースとあえる。

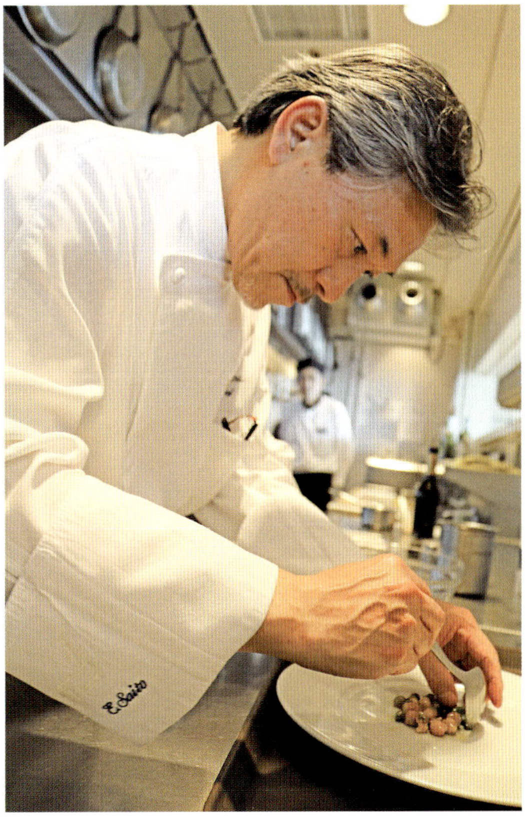

木の実と豆のサラダを作る。材料はカリフォルニアサラダを参照に切り、全て混ぜ合わせる。
お皿にサラダをのせ、その上になすのグラタンをのせる。セルフィーユを飾る。

パスタはフォークにまきつけながら、高さが出るように盛り付ける。
ソースを上からかけ、イタリアンパセリを添えて出来上がり。

※ここではバルサミコ酢を使い、フォークでお皿に模様を付けている。

シェフのひとこと

16

ヨコハマ グランド インターコンチネンタル ホテル
総料理長　齊藤 悦夫

今回のレシピについて

約十六種類もあるベジタリアンのジャンルの中で、今回のレシピは「オリエンタルビーガン（純粋な菜食主義者）」用です。ビーガン料理からさらに五葷《ごくん》野菜（ねぎ、ニラ、ニンニク、らっきょう、あさつき）を抜いたものを紹介させていただきました。

ベジタリアンメニューといえば、「味気ない」「満足感がない」「見た目がいまひとつ」と捉えがちですが、今回は野菜や大豆のみとは思えない本格的な味を追求し、見た目にもこだわりました。

大豆ミートとなすのグラタン全粒粉パスタ添え

大豆ミートを野菜とトマトでじっくり煮込み、ボローニャ風ミートソースのように仕上げました。なすに詰めたグラタンと、豆乳を加えクリーミーなミートソースに、全粒粉パスタあえのアンサンブルが楽しい、本格イタリア料理のベジタリアンメニューです。

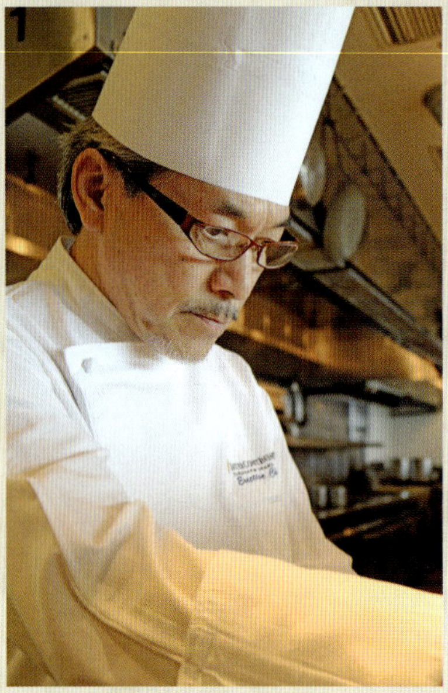

彩り野菜と大根ピクルスのカリフォルニアサラダ　豆乳ソース

木の実とドライフルーツ、三種類の豆を高品質なアップルビネガーとオリーブオイルであえ、大根ピクルスに詰めたヘルシーなサラダ仕立てです。付け合わせの彩り野菜にはフレッシュフルーツを加えました。高タンパクで低カロリーな豆乳に、昆布だしとほうれん草ピューレを混ぜて仕上げた、清涼感のあるソースが特徴です。

生活の中で「食」は最も大事なコンテンツ ～ベジタリアンメニューについて～

増加が著しいアジア圏（特に台湾と香港）からの訪日観光客のなかでも、現在、実に約百万人が「ベジタリアン」といわれています。また、米国では「ビーガン（完全菜食主義者）」人口がここ数年で六倍になるなど、一部の嗜好性の高い人だけではなく、世界的なトレンド、ライフスタイルになりつつあります。

当ホテルは「パシフィコ横浜」をはじめ、多くのコンベンション会場をもつエリアに位置することから、これまで多くの外国人ゲストの滞在を受け入れてまいりました。ベジタリアン料理が二〇％・ハラール料理が二〇％・グルテンフリーが五％という割合で、半数近くのインバウンドゲストがさまざまな理由で通常食を召し上がれないというのが現状です。さらに近年では、ローフードの流行や、メディアの影響などもあり、特に若年層でベジタリアンが増えてきています。

当ホテルでのベジタリアンニーズへの対応は多く、これまで個々のリクエストへの対応が中心でしたが、ラグビーワールドカップや東京オリンピック・パラリンピックを目前にひかえておりますので、高まるインバウンド需要へ柔軟に対応できるよう、館内全てのレストランおよび宴会のメニューに取り入れました。

これらを通年でご提供するのは、他ではない新しい取り組みですし、ベジタリアンのニーズや食の多様化にいち早く対応するだけでなく、健康志向・ヘルシー志向の方にもきっとご満足いただけると思います。

メニューを考えるときは、メインの食材、野菜、香り、ソースでバランスの良い一皿をご提供できるよう心掛けています。

栄養士のちょっとひといき

その16

横浜には多くの国からさまざまな食習慣のかたが訪れます。
その中でも、今回はオリエンタルビーガン（純粋な菜食主義者）の料理のご紹介です。
植物性食品だけを食べることに加え、五葷（ごくん）野菜も使用しません。
五葷野菜…ねぎ（玉ねぎも含む）・アサツキ・ニラ・ラッキョウ・ニンニク
肉も魚も使っていませんが、ベジタリアンやビーガンのかたでなくてもおいしく楽しくいただけるように、とても彩り鮮やかで華やかな料理が出来上がりました。

● 今回使用した材料の栄養ひとくちメモ

ビーガン料理で不足しないよう気を付けたい栄養素のひとつがたんぱく質です。たんぱく質は人間の体を構成する主成分でもありますので、不足すると筋肉量が低下したり免疫機能が低下しやすくなります。

豆類 植物性食品の中でたんぱく質の補給源となる重要な食材のひとつが豆類です。豆類には炭水化物を多く含むグループと脂質を多く含むグループとがあります。
炭水化物を多く含むグループにはあずき、いんげんまめ、えんどう、そらまめ、ひよこまめなどがあり、乾燥豆の重量の50％以上がでんぷんを主体とする炭水化物で占められています。また、たんぱく質も約20％と豊富に含まれていますが、脂質は約２％しか含まれていません。

脂質を多く含むグループには大豆と落花生が該当します。大豆は乾燥豆の重量の約20％が脂質でたんぱく質も30％以上含まれており「畑の肉」とも呼ばれています。落花生は脂質の含有量が約50％と極めて高く、たんぱく質も約25％含んでいます。
さらに豆類は、現代の日本人に不足しがちといわれている食物繊維や健康への効果が注目されているポリフェノールなどの機能性成分も多く含まれています。（参考資料：公益財団法人 日本豆類協会 ホームページ）

◆ 豆類のおもな栄養量（乾燥豆100gあたり）

参考：日本食品成分表 2018 七訂

種類	エネルギー (kcal)	たんぱく質 (g)	脂質 (g)	炭水化物 (g)	食物繊維 (g)
あずき	339	20.3	2.2	58.7	17.8
いんげんまめ	333	19.9	2.2	57.8	19.3
えんどう	352	21.7	2.3	60.4	17.4
そらまめ	348	26.0	2.0	55.9	9.3
ひよこまめ	374	20.0	5.2	61.5	16.3
大豆	422	33.8	19.7	29.5	17.9
落花生	562	25.4	47.5	18.8	7.4
【参考】					
木綿豆腐 100g	72	6.6	4.2	1.6	0.4
豚ロース肉・生 100g	263	19.3	19.2	0.2	0
鮭（しろさけ）・生 100g	133	22.3	4.1	0.1	0
鶏卵・生 100g	151	12.3	10.3	0.3	0

豆は乾燥のものだけではなく、缶詰やレトルト・冷凍など、戻さずにすぐに使用できる素材製品が多く市販されています。煮物・スープ・サラダ・ご飯など、さまざまな日常の料理に取り入れてみましょう。

◆ 菜食主義者の比較表

	肉	魚	卵	乳	はちみつ	五葷野菜
オリエンタル・ビーガン 東アジアを中心とした完全菜食主義者	×	×	×	×	×	×
ビーガン 完全菜食主義者	×	×	×	×	×	○
オリエンタル・ベジタリアン 東アジア中心の乳製品と卵可の菜食主義者	×	×	○	○	○	×
ラクト・オボ・ベジタリアン 乳製品と卵を食べる菜食主義者	×	×	○	○	○	○

17 シェ・フルール横濱

野菜もお肉もしっかり食べる。素材が生きる、感動レシピ

オーナーシェフ
飯笹 光男

フルーツトマトのフライ フロマージュソース
はまぽーくのグリル季節の野菜添え バルサミコソース

フルーツトマトのフライ フロマージュソースの１人分栄養量

エネルギー	312 kcal
たんぱく質	6.2 g
脂質	23.3 g
炭水化物	18.5 g
食塩相当量	0.3 g

はまぽーくのグリル 季節の野菜添え バルサミコソースの１人分栄養量

エネルギー	394 kcal
たんぱく質	21.6 g
脂質	23.1 g
炭水化物	19.7 g
食塩相当量	1.0 g

No.30

フルーツトマトのフライ フロマージュソース

オーナーシェフ 飯笹 光男

なんとトマトをフライにして、チーズのソースでいただきます。さっと揚げたトマトの爽やかな酸味と、濃厚なチーズソースは抜群の相性。前菜としても、ヘルシーなお酒のおつまみとしても、喜ばれる一品です

材料（4 人分）

- ●フルーツトマト４個
- ●クリームチーズ 100g
- ●黒こしょう（粗びき）適量
- ●生クリーム 20cc
- ●牛乳 40cc
- ●小麦粉 50g
- ●水 50cc
- ●卵黄　1 個
- ●パン粉（細）適量
- ●サラダオイル 適量

1　フロマージュソースを作る

鍋に、牛乳・生クリームを入れ温める。沸騰させない。
小さく切ったチーズを入れ、泡だて器などでよく混ぜて溶かす（チーズが溶ければよい）。
黒こしょうを加える。

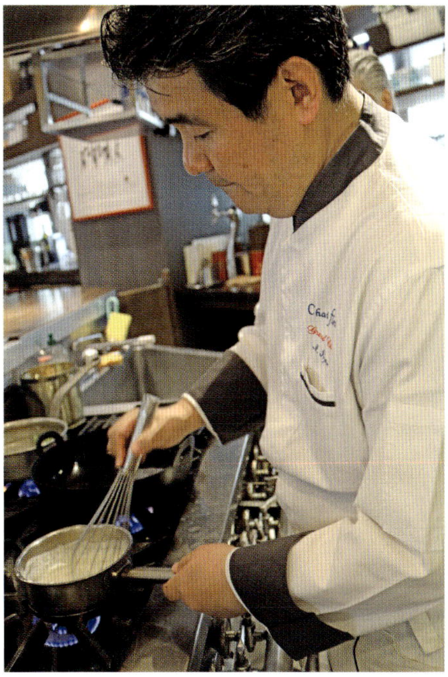

2 トマトを揚げ、盛り付ける

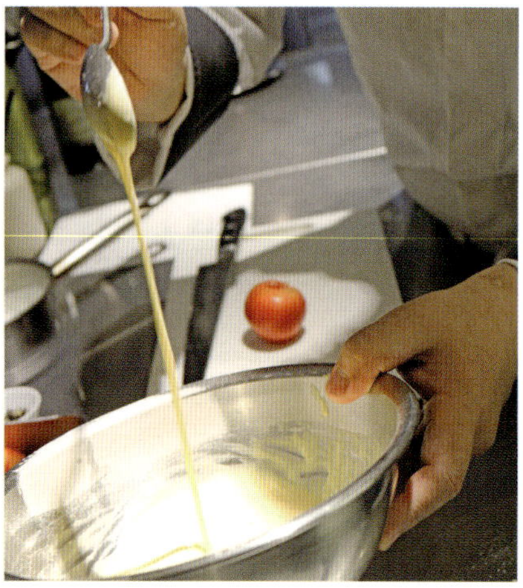

衣を作る。小麦粉に水と卵黄を入れ、よく混ぜておく。濃度は右の写真を参考にする。

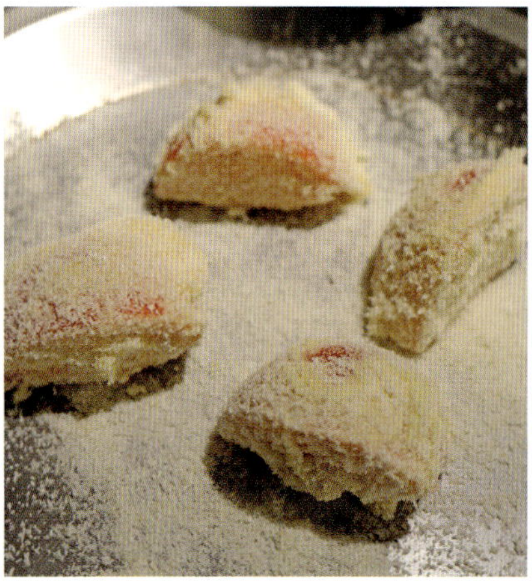

トマトは4分の1に切る。衣を付け、パン粉を付ける。鍋にサラダオイルを入れ、170℃にする。20秒ほどさっと揚げる。

皿にソースを置き、トマトを盛り付けて出来上がり。

※トマトはサッと揚げるのがポイント。
※トマトは、硬さがあり、酸味と甘味のある物がよい。

No.31

はまぽーくのグリル 季節の野菜添え バルサミコソース

オーナーシェフ　飯笹 光男

厚いお肉をジューシーに焼いて、たっぷりのお野菜と共にいただきます。
バルサミコ酢は安い物でOK。野菜のうま味をじっくり煮詰めて、お店のような絶品ソースに仕上げます

材料（4人分）

●はまぽーくロース肉 400g
（3～4cmの厚切りのもの）
●塩、こしょう 適量

【付け合せの野菜】
●にんじん・かぶ・ブロッコリー
アスパラ・ミニトマト等 適量

【バルサミコソース】
●玉ねぎ 50g
●にんじん 20g
●セロリ 20g
●バルサミコ酢 250cc
●オリーブオイル 30g

1 豚肉の下ごしらえをする

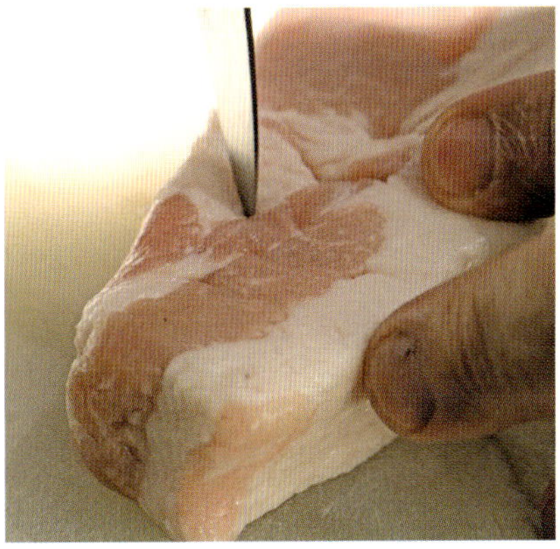

豚ロースの脂の部分に、切り込みを入れる。脂身と赤身の境目に筋があるので、写真を参考にしながら1cmの幅で4～5カ所ぐらい筋切りをする。

脂身が赤身に入り込んでいる部分（写真右）は、火が入りにくいので、深めに切り込みを入れる。
深く切り込みを入れた部分は、肉たたきかビール瓶などでたたいておく。

塩、こしょうを振り5～10分常温に置いておく。

※冷蔵庫から取り出してすぐ焼くと、肉が冷たいため火が均一に入りにくい。

2 豚肉を焼く

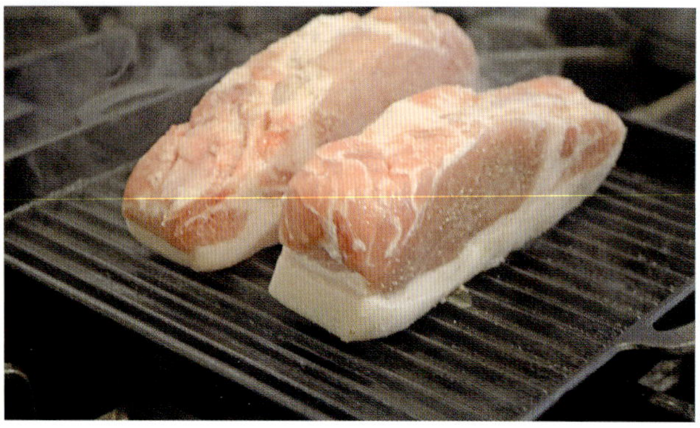

強火にし、グリルパンをうっすらと煙が出る程度まで熱する。脂身の部分が下になるように肉を置き、中火にして焼く。※脂身がグリルパンの波型部分に流れ落ちることで、肉に香ばしさがつく。

３～４分焼いて、脂身に焼き目が付いたのを確認したら、赤身のある面を１～２分程度ずつ焼く。

全ての面に焼き目がついたところで、ボウルなどでふたをし、火を止める。５分そのままおいておく。

５分たったらボウルを取り、肉をアルミホイルに包む。包んだままさらに５～10分置いておく。

※こうすることで、中心部分までちょうどよく火が通り、ジューシーに仕上がる。

3 ソースを作る

にんじん、玉ねぎ、セロリ（これらの野菜をミルポアと呼ぶ。香味野菜のこと）は味を出しやすくするため繊維に対し垂直に、なるべく薄くスライスする。鍋にオリーブオイルを少量入れ中火にする。野菜を入れしんなりするまで炒める。※焦がさないように炒めることがポイント。

バルサミコ酢を入れ、強火でひと煮立ちさせてから中火にする。４分の１になるまで煮詰める。煮詰まったら、ざるでこす。軽く塩、こしょうをして、オリーブオイルを入れ仕上げる。

※火にかけるのはピュアオリーブオイルでよい（エキストラバージンオリーブオイルは、おもに香り付けに用いる）。
※ミルポアを用いることで、野菜の甘味やうま味がソースへ移る。安いバルサミコ酢でも十分おいしいソースができる。

4 付け合わせの野菜を準備する

にんじん よく洗い、皮ごと使用する。塩を振り、アルミホイルに包んでオーブンで焼く。竹串がすっと通るぐらいまで30分ほどかけじっくり焼く。
※皮ごと使用することで、栄養豊富なだけでなく、香りや甘味も増す。
※右の写真は、皮の黒い大根を使用。

ブロッコリー 一口大にカットし、1.5％の塩分のお湯で２～３分ゆでる。（お湯１ℓに対し塩15g）

アスパラ 硬い部分の皮をむき 1.5％の塩分のお湯で２～３分ゆでる。

ミニトマト 半分にカットする。

かぶ 皮をむき６～８等分にカットして塩を振る。グリルパンで焼く。

※焼いた豚肉には、苦味や辛味のある野菜を添えることで、肉の甘味が増す。

5 盛り付ける

はまぽーくは約２cm幅にカットする。
皿にはまぽーく・野菜を立体的に盛り付け、バルサミコソースをかけて出来上がり。

シェフのひとこと

17

シェ・フルール横濱
オーナーシェフ　飯笹 光男

今回のレシピについて

今回は、「フルーツトマトのフライ フロマージュソース」「はまぽーくのグリル 季節の野菜添え バルサミコソース」をご紹介させていただきました。

フルーツトマトのフライ　フロマージュソース

チーズのフライにフレッシュトマトを添えたものが一般的ですが、今回はフルーツトマトをフライにして、温かいチーズのソースで召しあがるようにしてみました。かんたんにできますし、フレッシュ感を残したままさっと揚げたトマトは、酸味や甘味も強くなり、さらに濃厚なソースがからみ合うことで驚きのおいしさに仕上がっています。また、このソースはパスタやサラダにも、とてもよく合います。

はまぽーくのグリル 季節の野菜添え バルサミコソース

①厚切り肉をおいしく柔らかくする切り込みや肉をたたく方法。②波型のグリルパンを用いて脂身から焼くことで、余分な脂を落としつつ、脂の香ばしさを厚切り肉に移すこと。③ミルポア（香味野菜）を上手に使うことで、リーズナブルなバルサミコ酢でも高級なバルサミコソースに変化させるコツ。など、ちょっとしたひと手間を加えることで、ご家庭でも作れるプロの味をご紹介させていただきました。ポイントを押さえれば必ずプロの味に変化します。

おいしい野菜を使ったフランス料理

今から三十年ほど前に、私がフランスを訪れた時、パプリカ・ズッキーニ・トマト・ジャガイモ・玉ねぎなど、当時の日本の水っぽい西洋野菜とは比べ物にならないほどフランスの野菜のおいしさに驚かされ、わざわざ輸入して調理していたほどです。しかし時は流れ、品種改良や生産者の方々の努力のおかげで、最近ではフランスやイタリアに負けない西洋野菜が国内で生産されるようになり、おいしい国産の野菜を使った料理を作りたいと思うようになりました。

横浜野菜も同様に、味のレベルは高く地元だけに鮮度も抜群ですので、味と鮮度の計り知れない相乗効果、地産地消の言葉の意味をかみしめながら、地元の野菜を積極的に使い調理をしています。さらに、横浜には多くの優秀な生産者様がいらっしゃいます。その方々から、私がまだ知らない素晴らしい地元の野菜があることを教えていただきました。毎日届く新鮮な野菜と向き合いながら、どのように食材一つ一つの味を最大限に引き出し重ね合わせていったらよいか日々研究しています。

例えばにんじんのおいしさを引き出すために、皮のまま蒸し焼きにして、ピューレやスープ、ソースにしたりしていますが、野菜嫌いのお客様からは「こんなおいしいにんじん初めて食べた」、「野菜がおいしいので楽しみ、また来たい」などの声をいただいております。

このことを励みに、これからも野菜のおいしさや素晴らしさを伝えていきたいと思っています。

私が目指す横浜和フレンチ

横浜はこれまでも西洋のさまざまな文化を受け入れ独自のスタイルにしてきました。牛鍋・牛すき・ナポリタン・アイスクリームなどは横浜発祥です。日本でのフランス料理は食材をフランスから輸入し調理をすることが多いのですが、私は日本の食材や地元横浜の野菜・魚・肉なども用い、フランス料理の伝統的な技法と日本の心、地元横浜の心で作る、心や体にも優しい料理を目指しています。

栄養士のちょっとひといき

その17

今回は、絶妙な焼き加減のローストポークと素材のおいしさを最大限に引き出した野菜を、バルサミコ酢にひと手間加えたソースで味わう一品と、あっという間に出来上がるトマトのフライをチーズソースでいただく料理です。
見た目の豪華さからは想像できないくらい、家庭でも手軽に作ることができます。
カロリーを抑えたいかたは食べる量で調整してください。

● 今回使用した材料の栄養ひとくちメモ

バルサミコ酢

イタリア料理には欠かせない調味料のひとつであるバルサミコ酢。イタリア語でバルサミコは「芳香」という意味があります。一般的な酢と比べ抗酸化作用の強い多種類のポリフェノールが豊富に含まれているため、健康や美容への効果が期待できることでも注目されています。
芳醇な香りと濃厚な味が特徴の酢で、伝統的な製法で作られたバルサミコ酢は、ぶどう果汁を煮詰め木の樽に移し、長期間（12年以上という規定があります）熟成させて作るためとても高価ですが、最近は日本でも手頃な価格で購入できるものが増えてきました。安価なバルサミコ酢も煮詰めたりひと手間かけることで、いつもの料理の質を格段にアップできます。サラダだけではなく、肉料理や魚料理、デザートのソースなどにもぜひ取り入れてみてください。

● はま菜ちゃんをご存じですか？

野菜や果物は新鮮なほどおいしく、含まれる栄養素も失われません。生産者・流通業者・消費者等の代表者で構成する「横浜ブランド育成推進委員会」では「新鮮・おいしさ」「高品質」「安定供給」などをキーワードにして、横浜生まれの野菜や果物の中から30品目を**横浜ブランド農産物（はま菜ちゃん）**として認定しています。これらの農産物は市民のかたに分かりやすく流通させるため、シンボルマークの**「はま菜ちゃん」**を段ボールや結束テープ等に表示し出荷しています。
（横浜市環境創造局のホームページより抜粋）

◆ はま菜ちゃん30品目

参考資料：横浜市 環境創造局 ホームページ

種類	旬の時期	種類	旬の時期	種類	旬の時期
はま菜ちゃん野菜２６品目					
いんげん	6月上旬～7月下旬	うど	3月中旬～4月下旬	えだまめ	6月上旬～7月下旬
かぶ	11月上旬～5月下旬	カリフラワー	5月上旬～下旬 10月上旬～12月下旬	キャベツ	5月上旬～7月中旬 10月上旬～11月下旬
きゅうり	6月上旬～7月下旬	こまつな	年間を通して	ごぼう	10月上旬～12月下旬
さつまいも	9月上旬～11月下旬	さといも	11月上旬～12月下旬	じゃがいも	6月上旬～7月下旬
しゅんぎく	10月上旬～2月下旬	だいこん	3月中旬～5月下旬 11月上旬～12月下旬	たまねぎ	6月上旬～7月下旬
つけな類	11月上旬～1月下旬	とうもろこし	6月中旬～8月中旬	トマト	6月上旬～7月下旬
なす	7月上旬～10月下旬	にんじん	11月上旬～2月下旬	ねぎ	11月上旬～4月下旬
はくさい	11月上旬～2月下旬	ブロッコリー	5月上旬～5月下旬 11月上旬～2月下旬	ほうれんそう	11月上旬～4月下旬
みずな	11月上旬～1月下旬	レタス	11月上旬～1月下旬		
はま菜ちゃん果物４品目					
ウメ	5月上旬～6月下旬	カキ	10月上旬～11月下旬	ナシ	8月上旬～9月中旬
ブドウ	7月下旬～8月下旬				

魚介と野菜でお酒も楽しむ！
週末のリラックスメニュー

魚介類と季節野菜のサラダ
リモンチェッロ

魚介類と季節野菜のサラダの
１人分栄養量（レシピの1/4量）

エネルギー	250 kcal
たんぱく質	23.5 g
脂質	11.3 g
炭水化物	13.1 g
食塩相当量	0.8 g

リモンチェッロの１人分栄養量
（45ml 分）

エネルギー	82 kcal
たんぱく質	0.0 g
脂質	0.0 g
炭水化物	13.0 g
食塩相当量	0.0 g

総シェフ　竹田 直人

No.32

魚介類と季節野菜のサラダ

総シェフ　竹田 直人

香ばしくソテーした魚介類と旬の新鮮野菜を、フレッシュな桃のドレッシングがぴったりとまとめてくれます。野菜、魚介、フルーツの3つのおいしさを一皿で味わえ、メインディッシュとしても楽しめます

材料（4人分）

●ホタテ貝柱（大）4個
●ボイル海老 200g
●イカ 1ぱい
●ミニトマト 4個
●黒オリーブ 4個
●緑オリーブ 4個
●トウモロコシ 1/2本
●ズッキーニ 1/2本
●水なす 1本
●バジル 適量

【ドレッシング】
●桃（小）1個
●白ワインビネガーまたは酢 20ml
●オリーブオイル 40ml
●塩、こしょう 少々

1 イカとホタテの下ごしらえをする

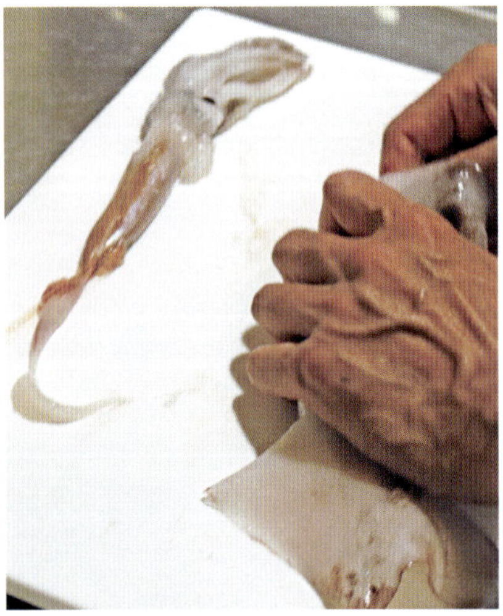

イカは内臓を取る。ゲソは先端をカットし、一本ずつ切り分ける。胴の部分は皮つきのままで1cm幅に切る。ゲソと胴をボウルにまとめ、軽く水で洗う。ペーパータオルなどで、身についている内臓やぬめりを丁寧に取る。※臭みを出さないため。

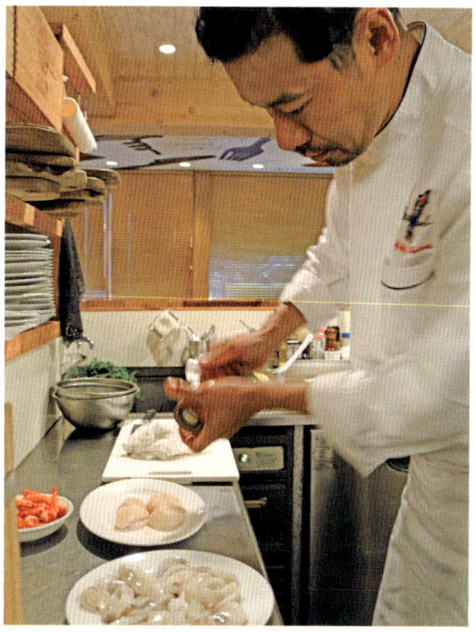

ホタテは殻つきの場合、ナイフを入れて開き貝柱を外す。貝柱は４分の１に切る。軽く塩、こしょうをする。

2 魚介をソテーする

ホタテとイカは別々にソテーする。
※イカの色がホタテに移るのを防ぐためと、火の通る時間がホタテとイカで異なるため。

ホタテはフライパンにオリーブオイルを敷き、強火で裏表それぞれ１分ぐらいずつ焼く。焼きすぎないように気を付ける。

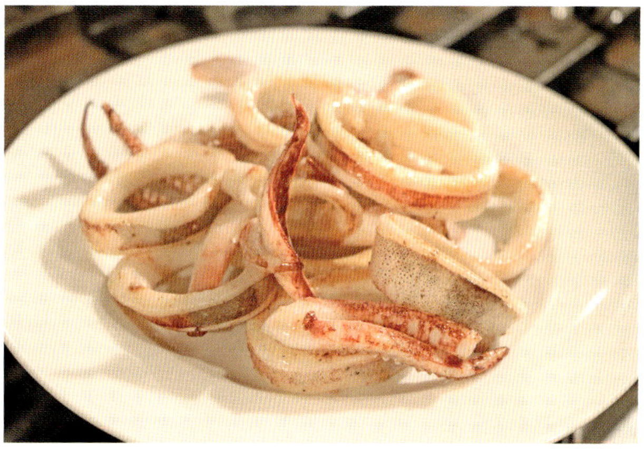

イカは最初は強火でいため、軽く焼き色が付いたら中火にする。よく火を通した方が甘味が出る。

3 トウモロコシをソテーする

トウモロコシをゆでる（塩ゆでで５分）。またはラップをして電子レンジで５分加熱する。ゆで上がったら軽く水につける。※この後ソテーするため、少し硬めにゆでる。水にさらすことで、水分蒸発による縮みを防げる。

トウモロコシの実をはずす。包丁で１列だけ切り取り、そこから手で外していく。

フライパンでソテーし焼き色をつける。油がはねるため、油をフライパンにひかずほぐすようにしながら炒める。軽く焼き色が付いたら塩を少々振り、オリーブ油をかけておく。

4 桃のドレッシングを作り魚介とあえる

桃は種に沿って１周ナイフを入れ、半分に割る。写真のように斜めにナイフを入れて種を取る。

皮をむいて２cm角に切る。変色しやすいため、切ったら手早く白ワインビネガー、塩、こしょう、オリーブ油とあえる。桃が崩れないようゴムべらなどで優しく混ぜる。

※すぐにあえるのが難しい場合、少し水っぽくなってしまうが、0.2～0.4％の濃度の塩水にカットレモン（1/10カット程度）を絞りながら皮ごと入れたものに漬けておくと、変色しにくくなる。

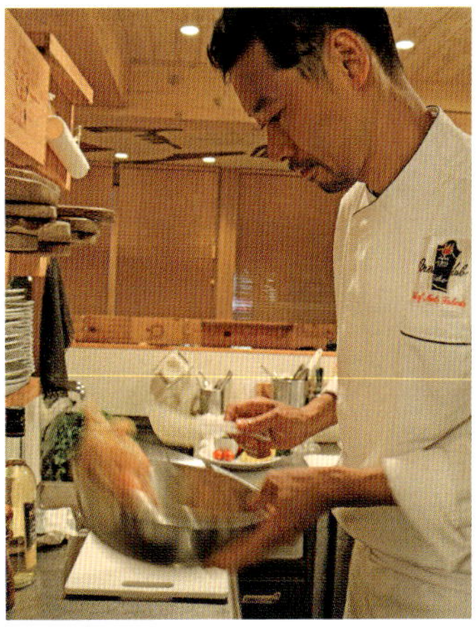

桃のドレッシングの中に魚介類を入れてマリネにし冷蔵庫へ入れる。

5 野菜とあえ、盛り付ける

ズッキーニはごく薄切りにする。なすは２㎝角、プチトマトは半分に切る。
緑と黒のオリーブは５㎜の薄切りにする。

マリネしたものと野菜を混ぜ合わせ、軽く塩をしながら、味を調える。
オリーブの漬け汁を大さじ２杯入れると、より一層味がひきしまる。

器に盛り付ける。バジルをのせ、トウモロコシを添えて出来上がり。

桃以外にいちじく、梨、柿など季節のものを用いてもよい。
そのままサラダとしてだけではなく、パスタに添えてもおいしい。

No.33

リモンチェッロ

総シェフ　竹田 直人

驚くほど爽やかに香るレモンは市販品とはまるで別物。「自家製です」とお出ししたら盛り上がります。
材料はこれだけ。季節を問わず、家に常備しておきたい一品です

材料（4人分）

- ●レモン 10個
- ●ウォッカ 750ml
- ●水 1000ml
- ●グラニュー糖 700g

1　レモンの皮をむきウォッカに漬ける

レモンの皮をピーラーでむき、ウォッカの中に2日間漬ける。
※2日漬けることで、レモンの色素や香りがウォッカへ移る。

2　シロップを作り、レモンを漬ける

水1000mlにグラニュー糖700gを鍋に入れて沸かす。
※沸騰させなくてもグラニュー糖が溶けたらよい。

グラニュー糖が溶けたら、2日間漬けたレモンの皮とウォッカを入れる。さらに2日間漬けこみ出来上がり。※合計4日かかる。

お好みでロックやソーダ割で、スライスレモンやカットレモンを添えてもおいしい。

シェフのひとこと

18

ビストロ酒場 マリーンクラブ
オーナー　松原 宏

今回のレシピについて

ハウスメードのリモンチェッロ（Limoncello）が静かなブームを呼んでいます。レモン果汁の五倍から十倍といわれるレモン果皮の栄養価の高さや、自宅で気軽に作れる健康酒として認知されたこと、爽やかなレモン果皮のほろ苦さと自在に調整できる甘さとのバランス、料理やデザートとの相性の良さなど、さまざまな人気の理由をあげることができます。作り方と用意する材料は至ってシンプルです。無農薬栽培されたレモン（ノーワックスが好ましい）の果皮、市販のウォッカ、グラニュー糖またはきび糖、ガラス瓶、以上で準備完了です。

リモンチェッロは、南イタリアの風光明媚な名所、ナポリからソレント、アマルフィからカプリ島を囲む、その温暖なレモンの産地一帯が発祥地といわれています。昔、南イタリアを旅したときにソレントを訪れました。学校の授業で習ったあの歌（帰れソレントへ）を何度も口ずさみました。街中から漂ってくるのはオレンジではなく、シトラスのレモンの香りでした。テラスのきれいなリストランテでリモンチェッロを勧められて飲んだのが、このリキュールとの出合いです。

リモンチェッロは、よく食後酒として紹介されていますが、炭酸や水で割るとより飲みやすいカクテルになります。レモンを搾っていただく料理ならば、どんな料理ともマリアージュすると思います。例えば、「鮮魚のカルパッチョ」や「小鰯のペペロンチーノ」「魚介のフリット」「鶏のから揚げ」などとの相性は抜群です。もちろん、食後酒としてもおいしくいただけます。レモン味のマドレーヌやヨーグルトとの相性もいいようです。作り方や食べ方はインターネットで「リモンチェッロ」と検索していただければ出てきます。写真で分かりやすく紹介されているサイトを参考にしてみてください。さあ、あなたのおいしい健康生活にリモンチェッロを役立ててみませんか。食卓に、きっと素敵な笑顔があらわれますよ。

古き良きヨコハマ

ここで少し、カクテルの話にお付き合いください。

皆様は、日本初のオリジナルカクテルをご存じでしょうか。NBA（日本バーテンダー協会）が編纂《さん》する年表によりますと、一八八九（明治二十二）年に、ここ横浜で誕生した、カクテル・バンブーがそうであるといわれています。作者はルイス・エッピンガー。エッピンガー氏は、ドイツ生まれ。バーデン革命に参加した後アメリカに亡命しホテルに勤務します。その後、サンフランシスコのホテルで管理職に就き、一八八九年に来日し、外国人居留区（現在のメルパルクの辺り）にあった「グランド・ホテル」の支配人に就任するのです。東海道線が全線開通し、市制が施行され横浜市が誕生し、パリにムーランルージュが開店した年であります。

※ルイス・エッピンガー氏は山手の外人墓地に埋葬されていて、墓標に氏の経歴が残されています。

やり手のホテルマンだったエッピンガー氏は、カクテルにも造詣が深く、来日後にバンブーを創作したといわれています（後に、カクテル・ミリオンダラーも考案）。

カクテル・バンブーは、当時の、エキゾチックで美しいYOKOHAMAの情景をカクテルに表現したといわれています。では、その頃の横濱はどんな街だったのか？　それを知る手がかりがあります。

一八九〇年四月に、横濱を訪れた紀行作家のラフカディオ・ハーン（小泉八雲）は一八九一年に出版した『大西洋月報』の中で、日本（横濱）の印象を次のように語っています。「日本の春の爽やかな冷たさ、雪化粧の富士山から吹き渡ってくる風の波、きりりとした朝の空気の奥に、言い知れぬ魅惑が潜んでいる」。当時の横濱は、日本の自然美と世界の建築技術が融合した異国情緒漂う港町とうたわれています。

バンブーは、神秘的な東洋の美しさを西洋のバーテンディングで表現したエキゾチックカクテルなのです。エッピンガー氏がなぜ、ベースのお酒をドライシェリーにしたか？　これは、ぜひ、皆様の舌で確かめてみてください。きっと、言い知れぬ魅惑が潜んでいることに気付かれることでしょう。

バンブーは、今なお、世界のシェフの間で、「食前酒としてパーフェクトな味わい」と賛美されるスタンダードの名作なのです。二〇一九年、満百三十歳を迎える長寿カクテルであります。

栄養士のちょっとひといき

その18

今回は初めて「お酒」の登場です。お酒は上手に付き合えば健康で楽しい生活を送ることができます。しかし過度な飲酒は健康を損ねることもありますので、くれぐれも適量を心掛けましょう。また空腹でお酒を飲むと胃や腸でのアルコールの吸収が速くなり、肝臓に負担がかかったり胃壁が荒れたりします。胃腸を保護しアルコールの吸収をゆっくりにするためにも、食事と一緒にお酒を楽しむようにしましょう。

● お酒の適量とは

アルコールは代謝の過程において1gあたり7kcalのエネルギーを産生します。またアルコールは消化を必要とせず、水にも脂肪にも溶けやすいため、大部分はすぐに胃や腸で吸収されたあと肝臓に運ばれ、酵素の働きによりアセトアルデヒドを経て酢酸へと分解され、最終的に水と二酸化炭素になって排泄されます。

「健康日本21」（厚生労働省）では**節度ある適度な飲酒は1日平均純アルコールで20ml程度**としています。ただしアルコールの代謝能力には個人差があります。お酒に弱い人や女性、高齢者などはこれよりも少ない量が適量と言えます。

なお、お酒に強いかどうかは、アセトアルデヒドを分解する酵素のひとつALDH2の働きによって左右されます。日本人の約半数は遺伝的にALDH2の働きが低いか欠けているといわれています。この体質は生まれつき決まっており、努力で飲めるようになるわけではありません。

● お酒を飲むときにお勧めの食べもの

適度な脂質を飲酒前に取っておくと、アルコールの刺激から胃の粘膜を守るとともにアルコールの吸収をゆっくりにしてくれます。また良質のたんぱく質は肝細胞の再生を助け、ビタミン・ミネラルは栄養素の代謝を円滑にすすめるために大切です。今回ご紹介の**魚介類と季節野菜のサラダ**は1品でこれらの条件を満たす、お酒と一緒にいただくにはお勧めの料理です。

ほかにも…

・たんぱく質と脂質を適度に含む、**チーズや牛乳などの乳製品**

・良質なたんぱく質が多い、**枝豆や豆腐、卵、魚、肉を使った料理**

・肝機能を高めるアミノ酸の1種であるタウリンを豊富に含む、**貝類やイカ・タコなど**

・アルコールの分解に役立つビタミンCを多く含む、**果物や野菜類など**

もお勧めです。

◆ お酒の純アルコール20ml相当量

参考：日本食品成分表2018七訂より

種類	アルコール度数（容量%）	純アルコール20g相当量（ml）	エネルギー量（kcal）	糖質量（g）
ビール	4.6	550	222	17.2
日本酒	15.4	170	182	7.6
焼酎	25.0	100	142	0
ワイン	11.6	220	160	3.3
ウイスキー	40.0	60	135	0
ブランデー	40.0	60	135	0
ウォッカ	40.4	60	137	0

※純アルコール量の計算方法：お酒の量（ml）×［アルコール度数（%）÷100］×0.8（アルコールの比重）

ヘルシーなお菓子が食べたい！
ふわふわとろけるスペシャルデザート

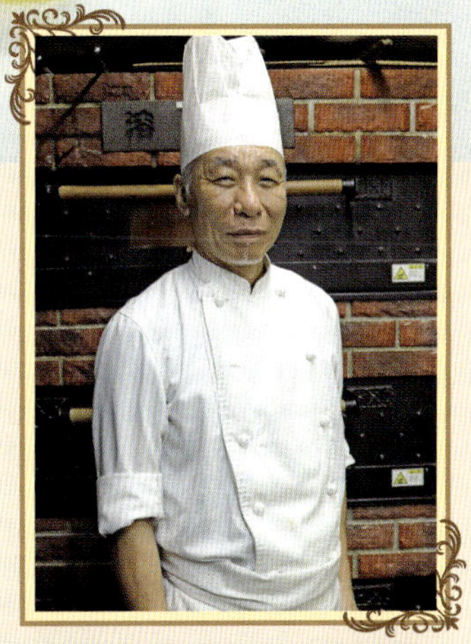

オーナーシェフ
蓮本 昭浩

パセ パルファン
オレンジのコンフィチュール

パセパルファンの１個あたりの栄養量

エネルギー	80 kcal
たんぱく質	2.5 g
脂質	0.7 g
炭水化物	15.8 g
食塩相当量	0.2 g

粉砂糖50gをラカント30gに変更した場合の１個あたりの栄養量

エネルギー	61 kcal
たんぱく質	2.6 g
脂質	0.7 g
炭水化物	13.8 g
食塩相当量	0.2 g

オレンジのコンフィチュールのオレンジ１個分全量の栄養量

エネルギー	216 kcal
たんぱく質	2.6 g
脂質	0.6 g
炭水化物	52.1 g
食塩相当量	0 g

オレンジのコンフィチュールのオレンジを 1/4 食べた場合の栄養量

エネルギー	54 kcal
たんぱく質	0.7 g
脂質	0.2 g
炭水化物	13.0 g
食塩相当量	0 g

アングレーズソース、ホイップクリーム、イチゴ、オレンジで写真のように盛り付けた場合の１個あたりの栄養量

エネルギー	215 kcal
たんぱく質	4.4 g
脂質	10.1 g
炭水化物	27.1 g
食塩相当量	0.2 g

※オレンジのコンフィチュールは、シロップを20%吸収したとする。

No.34

パセ パルファン

オーナーシェフ　蓮本 昭浩

カロリーを抑えたシェフオリジナルのスポンジケーキ。
ふんわりと軽い食感と絹のような美しい見た目は、特別な日のデザートにぴったりです

材料（プリンカップ10個分）

【ベース生地】
- ●粉砂糖（なければ上白糖）50g
- ●塩 1g
- ●サラダ油 6g
- ●薄力粉 65g
- ●コーンスターチ 8g
- ●ベーキングパウダー 2g
- ●卵白 40g
- ●バニラエッセンス 少々

【メレンゲ】
- ●グラニュー糖 50g
- ●卵白 150g

1 ベースになる生地を作る

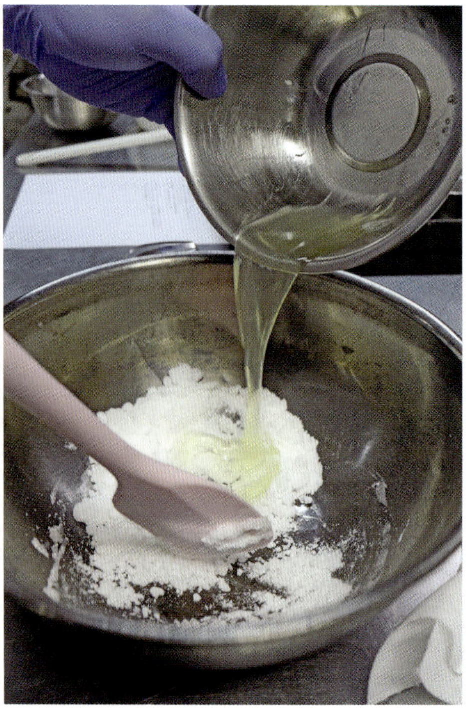

ボウルに粉砂糖、塩、卵白を入れ、混ぜ合わせる。

薄力粉、コーンスターチ、ベーキングパウダーは合わせてふるってから、先ほどのボウルに入れる。
サラダ油、バニラエッセンスも加え、しっかり混ぜ合わせる。5分ほど生地を休ませる。

2 メレンゲを作る

【メレンゲの材料】で作る。卵白をボウルに入れ、ハンドミキサーの低速（2～3）で泡立てる。
※高速で泡立てたメレンゲは気泡が大きく、壊れやすいため、焼いた時のふくらみが弱くなる。

少し泡立ったころに（写真左）、グラニュー糖を全部入れる。
※グラニュー糖は本来は3回に分けて入れると高さが出るが、タイミングが難しいためここでは少し泡立てた頃に1度に全量を入れている。

しばらく泡立て続け、6分立てにする。少しあとが残る程度（写真中央）や、ほんの少しツノが立つ程度（写真右）に泡立てる。

3 メレンゲとベース生地を混ぜる

ベースの生地に、メレンゲを20％程度取って入れ、よく混ぜる。
※一度に全量入れてしまうと、メレンゲ（軽い）とベースの生地（重い）の比重が違うため、上手く混ざらずメレンゲの泡が消えてしまう。それを防ぐため、まず少量のメレンゲをベース生地に混ぜて比重を軽くしておく。

良く混ざったらメレンゲのボウルに入れる。

（写真左）混ぜはじめ、（写真中央）混ぜ終わり。
プリンカップの内側に油を塗る。※油を塗らないと焼きあがった後、型から取り出せなくなるので注意。

オーブン天板に、20枚ほどの新聞紙を敷き水で少し湿らしておくことで、焼いた時のふくらみすぎを防止できます。

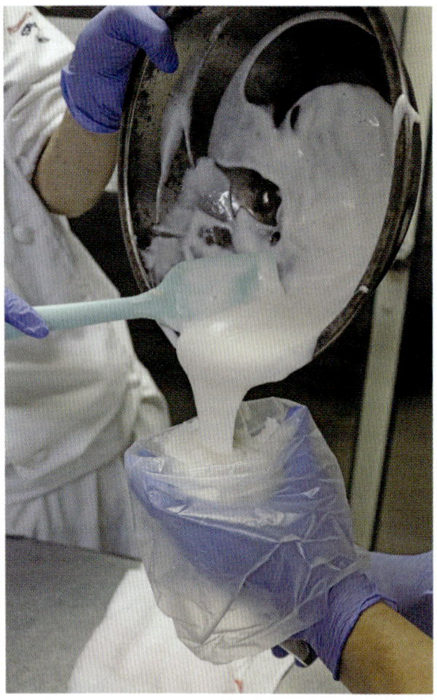

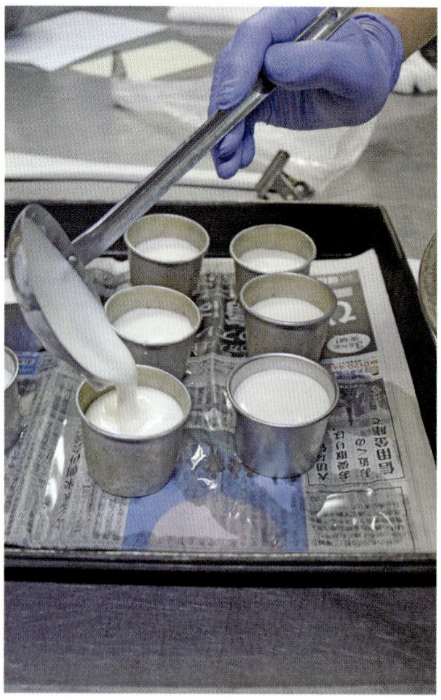

プリンカップに7分目まで生地を入れる。※絞り袋、またはお玉で注ぐ。

4 オーブンで焼く

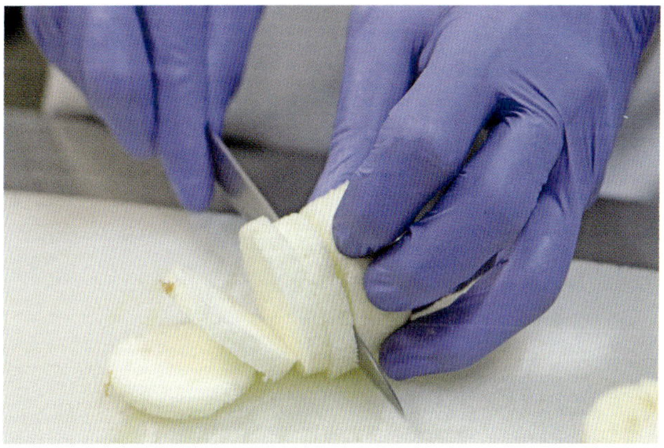

160℃のオーブンで25分焼き、火を切ってオーブンの扉を少し開け、そのまま15分おいておく。
※水分を飛ばす。

オーブンから出したら、密閉できる耐熱用タッパーに入れ、冷蔵庫で１時間冷やす。
よく冷えてからナイフなどを容器に沿わせるように入れ、プリンカップから外す。

５㎜ぐらいの厚さに切る。

5 盛り付ける

アングレーズソースをお皿に盛り、その上にスライスしたパセパルファンを生クリームやフルーツと交互にのせ、飾り付けて出来上がり。

※左の写真のように、チョコレートや粉砂糖などで飾り付けても良い。
(チョコレート、粉砂糖は分量外)

【アングレーズソースの作り方】

材料
・牛乳 250cc
・卵黄 2個
・グラニュー糖 50g
・バニラエッセンス 少々

①ボウルに卵黄を入れる。砂糖を加え、すぐに泡だて器で白っぽくなるまでかき混ぜる。

②牛乳を鍋で人肌程度に温め、泡だて器で混ぜながら卵黄に加える。 良く混ざったら、鍋に戻す。

③弱火にし、ヘラで絶えずかき混ぜ続けます。 ※焦げたり、だまにならないないよう注意する。

④とろみがついたら鍋から下ろし、網でこす。 バニラエッセンスを少々加え、冷蔵庫で冷やして出来上がり。

No.35

オレンジのコンフィチュール

オーナーシェフ 蓮本 昭浩

いつものオレンジがケーキ屋さんで売っているような素敵なお菓子に変身。
かんだ瞬間にオレンジの甘さとおいしさがあふれます。プレゼントにも最適です

材料（4 人分）

- ●オレンジ 1 個
- ●水 100cc
- ●グラニュー糖 80g
- ●果糖（なければ水飴）20g
- ●レモンの皮 1 片
- ●コアントロー 20cc

※オレンジはあらかじめ熱湯に 10 秒ぐらいくぐらせてワックスを落としておく。

※果糖（トリモリン）は加えることで、甘味に深みが出る。煮崩れたり、煮た後に硬くなったりするのを防ぐ。果糖は製菓材料店や、インターネットなどで手に入る。

1 オレンジを切り、圧力鍋で煮る

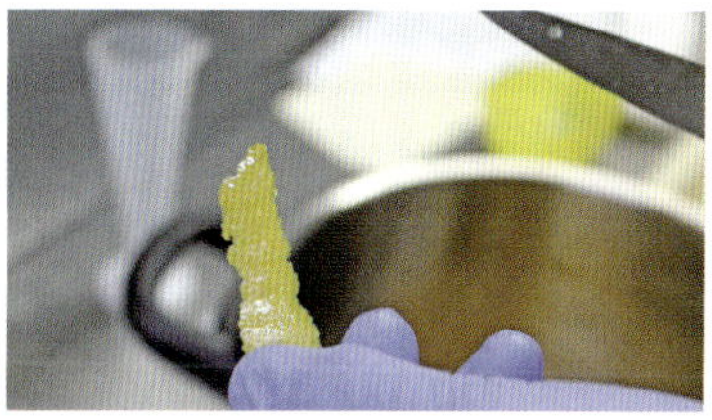

オレンジを 5 ㎜の厚みにスライスする。スライサーを使うと見た目がきれいに仕上がる。
圧力鍋に水、グラニュー糖、果糖、レモンの皮の順番で入れていく。オレンジの輪切りを並べ、高圧で10分煮る。

※まず水から鍋に入れることで水の膜ができ、糖類の焦げ付きを防げる。
※圧力鍋で煮ることで、皮の内側の荷崩れを起こす前に皮にも火が入る。

レモンの皮は、白い部分（苦みがある）が入らないように切る。
※グラニュー糖の代わりに角砂糖80g分をレモンの皮にこすりつけて香りを移してから、鍋へ入れる方法もある。

2 シロップに漬け、ひと晩おく

【煮崩れてしまった場合】
他の鍋に移して火にかけてジャムにする。

【残ったシロップの活用】
●シロップがまだ熱いうちにドライフルーツを入れる。しばらく漬けておき、つまんで柔らかくなったところで引き上げ、網の上などに置き乾燥させる（大体１日ぐらい乾かす）。

●炭酸水で割って飲む。（煮汁15ml あたり、35kcal）。

粗熱が取れたら、タッパーなどの器にシロップごと移して一晩冷蔵庫で冷やす。

3 乾燥させる

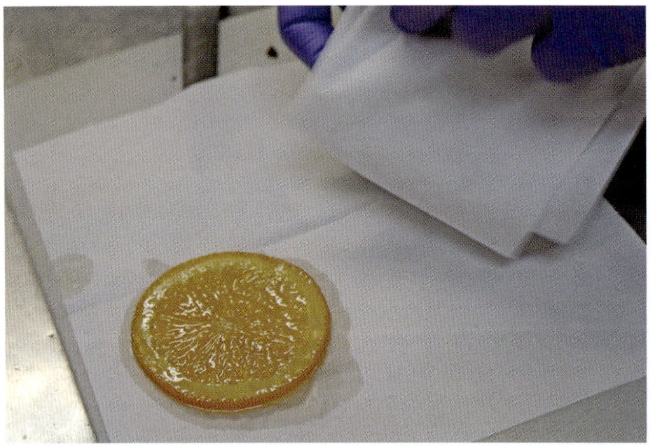

キッチンペーパーで水分を吸わせる。こうすることで、乾燥時の糖類の結晶化を防げるだけでなく、余分な糖分も除くことができる。網かオーブン天板に１枚ずつ並べ、120～130℃で30分以上加熱し乾燥させる。
触ってみて、少し湿り気がある程度が目安。

※オーブンを使わない場合、冷蔵庫に入れて４～５日かけ乾燥させる方法もある。冷凍庫だとフルーツの細胞が冷凍時に膨張して壊れてしまい、味が落ちるので注意する。

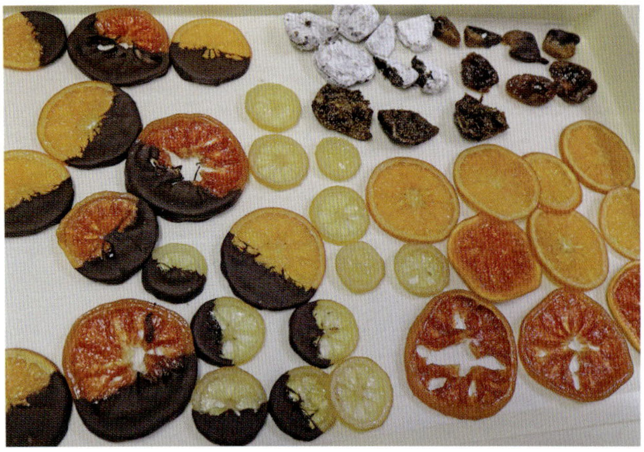

冷めたら出来上がり。そのままでも、チョコや粉砂糖で飾っても良い。

※同じ配合でグレープフルーツ、レモン（圧力時間は５分）も作れる。りんご、イチジクなども作れるが、身の柔らかい果物は圧力時間を短く（２～３分）して、シロップに漬ける時間を長くする。

シェフのひとこと

19 パティスリー パルファン オーナーシェフ 蓮本 昭浩

今回のレシピについて

今回は、パセパルファンとオレンジのコンフィチュールを紹介させていただきました。

パセパルファン きめ細やかな見た目はシフォンケーキを思わせますが、ほどよい弾力もあり、ふんわりした食感もある他にはないケーキです。卵黄やバターを使用せず、普通のスポンジケーキよりもカロリーを抑えたケーキを考えました。

オレンジのコンフィチュール グラニュー糖で調理することが一般的ですが、同じカロリーでもグラニュー糖より甘さの強い果糖を用い、圧力鍋で調理時間を短くすることで食材に糖分が多く入り込まず、なおかつオレンジの芳醇《ほうじゅん》な香りを楽しんでいただけるような工夫をしました。

お菓子はカロリーが高いイメージがありますが、皆様のご家庭でもかんたんにそろえられる食材や調理器具の特性を上手に生かしつつ、カロリーや糖類の使用量を意識してみました。ぜひお子様と一緒に作ってみてください。きっと健康的で楽しいひと時を過ごすことができると思います。

日本の洋菓子誕生にも一役買った横浜

一五四九（天文十八）年フランシスコ・ザビエルが布教のため鹿児島に上陸の際に、カステラ、ボーロ、金平糖、有平糖、ビスカウトなどが流入されました。明治に入ってから、ヨーロッパのお菓子をお手本に日本の洋菓子が誕生し発達してきました。ここ横浜では、一八五九（安政六）年に開港したのをきっかけに、当時寒村であった横浜は、外国人居留地が設けられることで諸外国の文化が流入しました。一八七〇（明治三）年、明治天皇の大膳職だった村上光保は、横浜八五番館で洋菓子店を経営していたフランス人サミュエル・ペールに就いて高級洋菓子の教えを受けることになり、その後宮廷に戻って大膳職として修得したフランス菓子の腕をふるっていました。そのうち、宮廷内だけでなく、広く一般にも洋菓子を普及することになり、日本で初めて洋菓子専門店が東京で誕生しています。（一般社団法人日本洋菓子協会連合会『日本洋菓子史』を読む より引用）

郷土愛から自分らしさへ

このように日本の洋菓子誕生に大きく関わった横浜に生まれ育ったことや、父親がパティシエであったことから、私は横浜の風土に誇りを持ちながらパティシエの道を歩んでまいりました。

私のお菓子作りは、材料から調理器具までこだわり創意工夫をこらしています。特にオーダーメードのケーキは、オーダーされる方を全人的に捉え、皆様と共に感動できるケーキ作りに時間や労力を惜しみません。そしてこれからも、大人から子どもさんにまで、幅広く日本の洋菓子の伝統や横浜の食文化を大切に伝え続けていきたいと思っています。

栄養士のちょっとひといき

その 19

今回は低脂肪でカロリー控えめのお菓子２品のご紹介です。
お菓子はデザートやおやつとして食べることが多い食品です。また旅行のお土産や数々の記念日など、人とのコミュニケーションの場に登場するものとしても定着しています。
お菓子は体への栄養補給だけではなく、心に潤いをもたらします。糖質の過剰摂取にならないように、食べ過ぎに気を付けながら上手に食生活のなかに取り入れてください。

●日本のお菓子の歴史

日本におけるお菓子の歴史は紀元前から大和時代にさかのぼります。当時は穀物や木の実を加工したものや果物などの総称を「菓子」と呼んでいたようです。現在のお菓子は奈良時代から平安時代初期に、遣隋使や遣唐使によってもたらされた唐菓子に始まるといわれています。その後、砂糖の輸入が増加することで、日本でもお菓子の生産が進むようになりました。
鎌倉時代から南北朝時代には、お茶の栽培が盛んになるにつれて、茶菓子として和菓子のもととなるものが生まれ、室町時代から安土桃山時代にかけては、ポルトガル人やスペイン人により砂糖や卵を使ったカステラやボーロ、金平糖などが持ち込まれました。
時代とともに和菓子、洋菓子ともに発展をとげ、現代ではおいしさや見た目の華やかさだけではなく、体や心の健康も考えられたお菓子が増えるなど、お菓子の種類や求められる内容も多様化してきています。

●お菓子と健康

お菓子のおもな栄養素は糖質（炭水化物）です。糖質は他の栄養素と比較して体内での燃焼が速くエネルギーとして利用されやすいため、疲労回復にも適しています。また脳が必要とするエネルギー源はブドウ糖だけです。
一方で取り過ぎると血糖が急激に上昇し、それに対応して体内でインスリンが多量に分泌され肥満の原因になったり、インスリンの働きが低下している糖尿病のかたは高血糖につながる場合もあります。一般的には１日に200kcal 程度までを目安に、上手に楽しむことが望ましいでしょう。
また体に脂肪をため込む時計遺伝子のひとつであるBMAL1（ビーマルワン）というたんぱく質は、体内量が１日のなかで増減し、昼間は少なくなり夜中にかけて増えるという特徴があります。太りたくない人は夜遅くに甘いものを食べることはできるだけ避け、BMAL1 が減少する昼間に食べたほうが良いでしょう。＊食事療法中のかたは医師の指示に従ってください。

◆今回ご紹介のお菓子とおもなお菓子の栄養量

参考：日本食品成分表 2018 七訂より

種類	目安量	エネルギー（kcal）	たんぱく質（ｇ）	脂質（ｇ）	炭水化物（ｇ）
パセパルファン	１個	80	2.5	0.7	15.8
オレンジのコンフィチュール	1/4 個分（2 ～ 3 枚）	54	0.7	0.2	13.0
ドーナツ	１個 60 ｇ	232	4.3	12.1	26.3
シュークリーム	１個 80 ｇ	182	4.8	9.0	20.5
カステラ	１切 50 ｇ	160	3.1	2.3	31.6
蒸しまんじゅう	１個 50 ｇ	130	2.5	0.2	29.6
しょうゆせんべい	２枚 30 ｇ	112	2.3	0.3	24.9

※栄養量は大きさ、材料、作り方によって変わります。

横浜市立市民病院の生活習慣病予防啓発活動のご紹介

スープ・ドゥ・レギュームの開発

横浜市立市民病院では2010年より、横浜市の名店のシェフの方々にご協力をいただき、生活習慣病予防のための健康料理教室やレシピ作りなどに力を入れてきました。2016年から横浜元町のフランス料理店・霧笛楼の今平総料理長のご指導の下、植物性食品だけを使ったスープの開発を始め、試作を重ねた末2017年11月に「スープ・ドゥ・レギューム」が完成、発表いたしました。レギュームとは「野菜」の意味で、動物性の素材は使わず、塩分控えめで野菜のうま味を感じられるスープです。現在、手術や病状で絶食が続いた患者様にスープとして提供しているほか、動物性食品を召し上がることができない方の料理の出汁などにも使用しています。

体に「優しいおいしさ」の「野菜スープ」が出来上がりました。

監修／調理指導
特定非営利活動法人・横浜ガストロノミ協議会理事長
霧笛楼 取締役・総料理長
今平 茂 氏

2016年10月のことでした。横浜市立市民病院の医師や管理栄養士の方から、「病院食として、植物性食品だけの横浜らしいおいしいスープの調理指導をお願いできませんか？」とのご相談を受けました。市民病院の方々の「食」への取り組みと患者様を思う気持ちや、私自身の新たな挑戦から引き受けましたが、実際どのようにおいしさを表現すればよいのだろうかと迷いました。

ある時、３度の手術と10日間の飲食ができないほどの大病を患っていた妻が、退院後に私が作るコンソメスープを何よりも楽しみにしていたのを思い出しました。これが大きなきっかけとなり、植物性の食材の種類や特性について丁寧に見直していきました。

お召し上がりいただく患者様が喜び、早く元気に回復してほしいとの願いを込めながら、試作を重ねていきました。その結果、体にとって「優しいおいしさ」を表現することをテーマに、「海・山の植物性食品のうま味成分と畑の恵み」を用いた植物性食材だけのスープが完成いたしました。

調理の最大のポイントは、香味野菜の配合のバランスとそれぞれの特徴を生かした切り方、また一定の温度を保ちながらの「丁重な煮方」でした。さらに火を止めてからふたをして、30分間そのまま放置することによる浸透圧で、まろやかさをじっくりと抽出いたしました。フランス料理で使用するシャンピニョンやローリエの香りと国産の昆布としいたけとのうま味成分の相性は、和と洋が調和する横浜らしさであり、体の中から喜んでいただける「優しいおいしさ」の「野菜スープ」となったのです。何度も話し合いや試作を重ね、調理員の皆様に一生懸命お作りいただき完成に至りました。

患者様にはふた付きでご提供させていただきますので、その香りと共にお召し上がりください。また今後におきましても、和、洋、中、パティシエなど「横浜の食」を担う皆様にもぜひ、「横浜の味の底力」をアピールしていただけたらと心より願っております。

横浜市立市民病院 病院長　石原 淳

医食同源という言葉がありますが、毎日しっかりと食事をとることは病気の予防や治療にとって大事なことです。特に、病気の治療中でも「自分の口から食べる」ということは非常に大事な行為です。口から食べることは、単なる栄養補給ではありません。唾液の分泌を促進し、口腔内を清潔に保つことにも非常に有効です。また、食事を味わうことで喜びや満足感が生まれ、精神的に安定します。そのことが生きる力につながり、治療効果も大きくなります。

これまで、横浜の名店「天吉」および「横浜ガストロノミ協議会」の皆様には、「健康レシピ」の発行や生活習慣予防啓発活動を通して、多大なるご指導・ご協力をいただきました。その活動をさらに発展させ、このたび、「霧笛楼」のご指導の下、患者様に優しいスープを提供できることになりました。患者様にはおいしいものを食べて、一日でも早く回復していただきたいと願っています。

横浜市立市民病院栄養部　堀口眞樹、森下朋子

久しぶりに口にした料理を「おいしい」と感じ「明日もまた飲んでみたい」と思っていただきたい…そんな思いからこのスープ作りは始まりました。

病気や手術などでしばらく食事を取ることができなかった方、体力も気力も弱ってしまい流動食しか食べることができない方に。またアレルギーなどで動物性食品が使用できない方や離乳食にも使えるものを考えました。その結果、野菜・きのこ・昆布だけを材料に使い、野菜のうま味をたっぷり詰め込みながらも塩分を控え、香り高く、おなかにも心にも優しい味が生まれました。限られた材料や調理条件のなかで、和と洋を融合させた、横浜らしいおいしさのスープをご教授くださった、霧笛楼の今平総料理長と高田料理長には、心から感謝しております。

このスープを契機に、これからも今まで以上に料理を通して、患者様に元気のもとをお届けしていきたいと思っております。

エームサービス（株）横浜市立市民病院事業所支配人　上原有紀、調理責任者　大木香織

今回のお話をいただいてから霧笛楼の今平総料理長および病院職員の皆さんと試作を重ね、やっと患者様にご提供できる日を迎えられ、とてもうれしく思います。

今までのスープの概念を覆す完成度の高さに驚きました。例えば、数種類の材料を増やしただけでこんなにも風味が増し、野菜の切り方を変えるだけでその甘味が口の中に広がるなど、私自身、驚きと新しい発見でワクワクしながら参加させていただきました。

スープ・ドゥ・レギュームは野菜・きのこ・昆布のうま味と香りを引き出し、塩だけで味付けしたシンプルな素材のスープですが、他に何か特別な材料が入っているのではないかと疑うほどのおいしさです。患者様が手術後初めて口にされるお食事に幸せを感じていただく瞬間を思い描きながら、従業員一同、心を込めて調理させていただきます。

スープ・ドゥ・レギュームのレシピ

材料（出来上がり量約 3.5ℓ）

- ●玉ねぎ 中 2 個（400g）
- ●にんじん 中 1 本（150g）
- ●セロリ（茎の部分）1/3 本（30g）
- ●トマト 中 1/3 個（50g）
- ●キャベツ 中 1/4 個（300g）
- ●ホワイトマッシュルーム 6 個（60g）
- ●昆布 4㎝角程度（1g）
- ●干ししいたけ 1 枚（10g）
- ●ローリエ 小さめ 1 枚
- ●水 5ℓ
- ●塩 20g

※水道水でも構わないが、ミネラルウォーターや浄水器を通した水の方が、より食材のうま味を引き出すことができる。

【野菜の切り方】

玉ねぎ、マッシュルームは繊維に沿って切る。
にんじん、セロリ、キャベツ（芯の部分も一緒に使うと甘味がより濃くなる）は繊維に対して直角に5㎜位の少し厚めに切る。
トマトは1㎝角位にカットして、干ししいたけは手で軽く割る。

【作り方】

①上記の野菜と、昆布、ローリエ、水を一つの鍋に入れ、強火にかける。

②沸騰してきたら、アクをよくすくい、弱火にしてフツフツ（ポコポコ）と軽く沸いている状態を保ち、アクが出てきたらまめにすくい、1時間30分煮る。

③火を止めたら30分間、室温で置く（休ませることで浸透圧で味がまろやかになる）。30分たったら、キッチンペーパーを敷いた網でこす。

④ 塩で味を調える。参考：スープ 1ℓ に対して塩小さじ 1 杯程度（0.6%）

【ワンポイントアドバイス】

まとめて作って冷凍保存が可能。そのままお召し上がりいただく他に、ポタージュのだし、鍋物や湯豆腐のだしにも使える。

食べることは体と心の健康の礎です

おいしいものを食べたとき､人は誰でも笑顔になります。笑顔のとき人は心が和み元気が湧いてきます。また、食物には体を構成し健康を維持するために必要な多種類の栄養素が含まれています。しかし、一つの食品で全ての栄養素が満たされることはなく、複数の食品を組み合わせて食べることで、多くの栄養素を体に取り入れることができます。そのさまざまな食品を、よりおいしく安全に食べるために、古くからたくさんの料理が生み出されてきました。そしてそれらの料理を味わうための人間の味覚は、幼少期に急激に発達すると言われています。そのため幼少期に正しい食習慣や食べることの楽しさを体験しておくことは、生涯にわたり健康にも大きく関わってくると考えます。体調がすぐれず食欲のない方でも、子どものころから食べ慣れているものや、家でいつも食べていたものなら食べられそうという言葉をよく耳にします。できれば子どもの頃から味覚を育て、日頃から各年代の健康に応じた幅広い料理に親しんでおくことが大切だと感じます。

横浜は早くから外国の食文化が取り入れられ、多彩な料理と触れ合うことができる街です。開港を機に幕末から明治にかけて、長崎や神戸などとともに日本国内でもいち早く西洋料理が取り入れられました。そして、現在では市内で世界各国の料理を楽しむことができます。また横浜といえば中華街をイメージする方も多いように中国料理と横浜は深いつながりがあり、中華街以外でも中国料理を食べることができる店が数多くあります。そして日本人の食生活の基本でもある日本料理は、自然を尊び季節感を大切にした「和食；日本人の伝統的な食文化」として2013年にユネスコ無形文化遺産に登録されました。

今回、横浜市内の数多くの料理人の皆様には、思わず食べたくなる体に優しくておいしい料理のレシピをご提供とともに、お店で実際に作っていただき、市民病院スタッフは調理の様子を間近で撮影し、お話を伺い、家庭でも作りやすいように写真をできるだけ多く載せたレシピを作成しました。調理から撮影、原稿作成まで、料理人と病院スタッフによる全て手作りのレシピ集です。このレシピには普段の料理をワンランクもツーランクもアップすることができるプロならではのひと工夫や、家庭でも作ることができる特別な時にもピッタリな料理がたくさん散りばめられています。

４年余りの間、今まで作成した個々のレシピは「健康レシピ」として市民病院内で配布してまいりましたが、このたび、全レシピを１冊の本としてまとめることができました。取材を通して、全ての料理人の皆様が食べる方の健康を願い、食べたときに「おいしい」と感じて笑顔になっていただきたいという思いのなかで調理されていることが強く伝わってまいりました。料理人の皆様のそのような思いと料理のおいしさをできるだけそのままお届けしたかったため、レシピはあえて病院仕様にアレンジを加えておりません。料理の栄養量を表示することで、食事療法が必要な方には前後の食事や食べる量、調理方法などで調整しやすいようにしました。また「栄養士のちょっとひといき」では、料理を調整するときのヒントや、レシピにまつわる食材と健康との関連などについて紹介させていただきました。

このレシピ集を作成するにあたり多くの店舗や料理人の皆様、そして各関係者の皆様のご理解とご協力をいただきましたことに心より感謝申し上げます。

そして、このレシピ集を手に取られた皆様が、今まで以上に食べることを好きになって、より健康に笑顔で過ごされるときが多くなることを願っております。

横浜市立市民病院 管理栄養士　堀口眞樹

食をテーマにした「市民参加型」の生活習慣病予防啓発講座

1.企画に至った動機

市民病院へ赴任して間もない金曜の夜、横浜の街を独り歩く機会がありました。20年前にも横浜に住んでいましたが、当時と比べ、街は驚くほど閑散としていました。何げなく入った料理店の店主に街の状況を尋ねると「ずっとこんな状態だよ」と返ってきました。その時からこの厳しい不況の中で何か街のために、診療の枠を超えたことをする必要があるのでは、と考えるようになりました。

2．企画のテーマ - 生活習慣病について

私が担当している膠原病の治療にはよくステロイド剤を用いますが、ステロイドを服用するだけで高血糖や高血圧、脂質異常症など生活習慣病と同じ副作用を引き起こしてしまいます。ステロイドの投与を始める際の検査で、既に糖尿病や高血圧などの生活習慣病を持っている方は多く、膠原病の治療に支障をきたしています。他の内科系や外科系の診療科でも同様です。国内では死亡原因の約３分の２を生活習慣病が占めているといわれています。

生活習慣病は、糖尿病、脂質異常症、高血圧、悪性腫瘍など生活習慣が発症原因に深く関与している疾患の総称で、食事摂取バランスの悪さや運動不足といった生活スタイルの乱れがもとで発病します。症状として出るころには病状が進行していることが多く、最近では発病の低年齢化も深刻な問題になっているのは皆さんご存じかと思います。

例えば、糖尿病からくる腎障害（糖尿病性腎症）を例にすると、何もしない場合、糖尿病と診断されてから約20年で透析が必要になるといわれています。つまり、働き盛りの20代で糖尿病になり治療をしないと、40代後半ぐらいから末期腎不全となり透析が必要となる計算です。標準的な透析は週３回、１回当たり４時間が必要です。そしてその時間は仕事や家族サービスなどから割くことになります。また、透析がない日でも健康な人と同じ体調ではないため、家庭不和や格差の拡大、国の生産力（GDP）低下、医療費のさらなる増大への影響が懸念されます。

生活習慣病の予防はご存じのとおり、まず生活スタイルを見つめ直すことが大切です。万が一、治療が必要になった場合でも予防で得た知識は治療の支えになります。そこで2008年から、市民公開講座のテーマの一つに「生活習慣病の予防啓発」を積極的に加えることにしました。

3．企画の準備

一般的に医学的なことをテーマにした啓発は、必然と学問の要素が多く、来場者は限定される傾向があります。少しでも分かりやすく、幅広い年代層に参加していただけるような工夫が必要でした。また当病院は横浜市立ですので地元の活性化も視野に入れつつ、異業種の方々に企画段階からご協力をいただくことと、啓発内容を一人でも多くの方に実践していただきたいことから「座学と実習を組み合わせた市民参加型」の企画にすることを決めました。

まずは地元の方々と一緒に取り組むスタイルによって、罹患者数の増加に歯止めをかけるだけでなく、コミュニケーションの増強、シナジー効果による地元の活性化、医療費の削減などが期待できるのではないかという主旨の企画書を作成し、当院へ通う一部の患者さんへお渡ししました。感触は悪くなく、親切にも企画実行する際の段取りについて指導してくださった方もいました。このことを受けて、当時の病院長、副病院長、管理部長、総務課、糖尿病内科担当の今井孝俊医師、栄養部に企画への協力を仰ぎました。そして生活習慣病予防啓発活動を「運動編」と「食事編」の２つに分け、それぞれに参加をお願いしたい異業種の方を、公共性の高い地元の団体様や企業様を中心に検討しました。

4.「座学」と「実習」を組み合わせた「食」をテーマにした公開講座

当院での栄養指導は「栄養学」を中心とした座学ですが、聴講された方々は話の内容は理解できるものの、いざ家庭で調理してみると味のバランスが悪く、なかなか実践しにくいという声が多くありました。つまり食事量のコントロールだけではなく、調理技術の習得も大切ということに気付きました。

そこですぐにご家庭でも実践できるよう、病気や栄養についての話に加え、調理方法を同時に学べる「講義と実習を組み合わせた料理教室」を企画することにしました。実習スペースは東京ガス横浜ショールーム様のキッチンスタジオをお借りすることになりました。

いよいよ2010年11月27日に第１回目開催となりました。まず今井孝俊医師が生活習慣病の概念と、それをとりまく深刻な現状や病気にならないための予防法について話をした後、堀口眞樹管理栄養士が日頃の食事の取り方や食事の組み合わせ方などについての話をしました。

これらの座学を行った後に調理実習へ移りました。調理講師は当時の東京ガスキッチンスタジオ料理教室の先生にお願いし、調理のデモンストレーション、実習という流れで行いました。カロリーが高いと思われがちな中華料理が、調理法一つで変わることに、皆さん驚かれて大変好評でした。同時に、継続が必要な企画ということを肌で感じました。

２回目以降は、地元の活性化を視野に入れていたこともあり、横浜の食文化、老舗料理店の方々を交えた企画にしました。引き続き協力してくださる店舗へ赴き、生活習慣病の深刻な現状と食生活を見つめ直す大切さ、それ故に調

理技術（料理教室）の必要性の説明と調理技術指導の協力要請をさせていただきながら、老舗料理店から教わる実習を定期的に開催しました（※健康料理教室開催実績）。店舗の方々も趣旨に賛同してくださり、企画の段階から熱心に参加してくださいました。

毎回、応募数が定員をはるかに超えてしまい、参加できなかった方々へは申し訳ない気持ちでした。開催日は全て平日で、雨天の日もありましたがほぼ全員の方がご出席くださいました。皆さん真剣に聴講され、実習では和気あいあいとした雰囲気でした。アンケートでは、「生活習慣病の怖さがよく分かった」「カロリーを低く抑えるコツを知ることができた」などの意見が多く、ご好評をいただきました。

【健康料理教室開催実績】

第1回 2010年11月27日　おいしくはじめる脱！メタボ 秋の味覚たっぷり！中華メニュー（東京ガスショールーム）
第2回 2012年3月5日　ハマの老舗料理店直伝！プロの技でおいしく脱！メタボ「天吉」に学ぶ『天ぷらの極意』（東京ガスショールーム）
第3回 2013年1月17日　「霧笛楼」に学ぶ『地元野菜でおもてなしフレンチ』（東京ガスショールーム）
第4回 2013年6月20日　大人のための食育～ヘルシーメニュー de メタボ予防～（横浜調理師専門学校）
第5回 2014年2月28日　「崎陽軒」に学ぶ『野菜たっぷり！ヘルシー中華』（東京ガス横浜ショールームクッキングスタジオ）
第6回 2015年3月2日　ハマの老舗料理店直伝！プロの技でおいしく脱！メタボ「天吉」に学ぶ『天ぷらの極意』（東京ガス横浜ショールームクッキングスタジオ）
第7回 2016年3月23日　「アッティモ」に学ぶ『脱！メタボ料理教室』（東京ガス横浜ショールームクッキングスタジオ）

5．季刊誌「健康レシピとシェフのコラム」による公開講座

料理教室の応募者数が殺到した状況から反省し、実習に参加できなくても家庭で作っていただけたらと思い、2014年秋より院内やHPで配布する季刊誌「健康レシピとシェフのコラム」の制作をはじめました。料理教室と同様、制作にご協力くださる店舗へ赴き、企画の段階から参加していただくスタイルを踏襲しております。シェフの紹介したいメニューや健康に気遣っているメニューのレシピを紹介していただき、栄養分析とその料理との付き合い方については当院管理栄養士から解説。撮影や調理方法の解説は他の料理にも活用できるように、調理中の写真を多く取り入れ、丁寧な説明を心掛けました。そして、1軒1軒訪問してお話しさせていただいた際に、シェフの皆さんが料理や地元横浜に対して熱い想いがあることも感じておりましたので、ページの最後に「料理」や「横浜」あるいは「健康」をキーワードとしたシェフの想いを綴った「シェフのコラム」を書いていただきました。この季刊誌の制作においては、市民の方々との共創感を大切にしました。企画から監修、印刷は全て当院スタッフや協力してくださった地元の方々による手作りです。

皆様のおかげで初刊から現在まで、19作品、累計発行部数は12,000部を超えるほどになりました。「ダイエットされている方に料理を提供する参考になった」、「料理講習会の一つの題材になった」、「子どもから大人までの食育に取り組める」、「商品説明の際の資料に利用したい」など、一緒に取り組んでくださった方々からの声もありました。また、中には季刊誌を手にしながら実際にその店を訪れ、飲食されて季刊誌をきっかけにいろいろと歓談されている方もいらっしゃるようです。

6．病院からも地元「横浜」の味を

このような活動に取り組むうち、医療現場での「食事」は治療や予防といった「栄養学」的な面で捉えることが第１ですが、本来の「食事」は生活の中にあると再認識しました。入院生活においては、食べることが大切なことの一つであることから、病院食へも目を向けるようになりました。

まずは食について街ぐるみ・家族ぐるみで考えるよい機会になるような病院食を目標にしました。そして消化器系疾患の急性期や消化器関連の手術後の食事開始食、動物性食品に対するアレルギー食、離乳食として使えるものを提供できたらと思い、2016年10月から「野菜だけで作った横浜らしいスープ」をテーマに掲げました。

横濱元町・霧笛楼様がこの企画にご賛同くださり、霧笛楼様と当院の管理栄養士とエームサービス様とが一丸となり試作を重ねた末に「野菜生まれの横浜育ち　スープ・ドゥ・レギューム」が誕生し、2017年11月に横浜市庁舎内にて発表いたしました。

たった一皿のスープではありますが、スープが誕生するまでは、このように料理教室やレシピ集などさまざまな取り組みをしてきた歴史があり、またそれに関わってくださった全ての皆様のご協力がなければ完成しませんでした。まさに職種を超えた「横浜の想い」が一皿に込められていると思います。そして、病院も多様性を求められている時代に、地元の魅力を地元の方々と共に医療から少し派生させながら、病院からも発信することの大切さを改めて感じました。

7．地元「横浜」の味を病院からご家庭へ

「スープ・ドゥ・レギューム」を提供させていただいてから、「食べることすら忘れてしまった認知症のある方が、スープを自らの手で飲むようになった」、「離乳期の子どもがおいしそうに残さず食べた」、「上品で透き通るような味でとてもおいしくいただいたと同時に、心からホッとする優しい味だった」など、さまざまな反響がありました。

このような皆様からの感想をいただくうちに、介護負担の大きい高齢者や乳幼児を抱えた共働きの夫婦の方々にとって、時には温めるだけでご家庭にもほっとする地元の味を提供できたらと思い、ずうずうしいお願いで大変恐縮と思いましたが、レトルトによる製造を霧笛楼様へ提案させていただきました。

ちょうどその頃に、霧笛楼様も、県外の方から「『スープ・ドゥ・レギューム』のことを新聞で見たのだけれど、飲むことはできませんか？」という声や、市民からのお問い合わせが多く、レトルト品の開発について検討し始めたところだったそうです。

レトルト品を販売するにあたっては、新たに味の調整が必要となり、霧笛楼様の大変なご苦労があったと伺っております。販売時期は未定ですが、近いうちに良いご報告ができるかと思います。ご家庭でもぜひ、この素晴らしいスープを味わっていただけたら幸いです。

8．時代を超える想い

このように、９年をかけ多くの食を通じた企画をしてまいりましたが、当初から実現できないかもしれない、あるいは継続できないのではないか、という不安は常にありました。しかしご協力・ご賛同くださった皆様の熱い想いが後押しとなり、全ての企画において成功を収めることができました。大変貴重な経験をさせていただきました。

またこのたび、神奈川新聞社様の多大なるご協力があり、「ヨコハマレシピ」を出版させていただくこととなりました。書籍化も地元の企業様の協力がなければ実現できなかったことです。

これまでの全ての取り組みは、地元「横浜」で創りあげたものであり、横浜に住む皆様の優しさを象徴した一つと思っております。同時に、改めて皆様の御厚意に深く感謝を申し上げつつ、この想いが50年、100年たっても輝き続けてほしいと思います。

今後も皆様のために、より良い「食と健康」のご提案を横浜から発信し続けることができたらと思っています。

横浜市立市民病院 管理部経営企画課・医師　平野資晴

まちづくり―治療から地療へ

美しい港町として老若男女問わず人々を魅了する横浜。大都会もあり田舎もありバランスの取れた生活の場を有することから、人口は増加し続け、今や地方都市では最人規模の370万人を超える大都市となりました。横浜港開港に始まった「まちづくり」により、外国人居住地の形成や商業が発展し、山手、元町、中華街といった他都市にはない折衷文化が人々を魅了する要素の一つだと思います。

もしトレンドだけを追っている街があった場合、時代の流れに沿って形を変えていきますが、画一的な街となりがちで、特徴や面白みがなくなってしまうかもしれません。それぞれの地域には培われてきた文化があり、それは地元の人だけでなく訪問者に対しても楽しみや感動を与えてくれます。地方都市のさらなる活性化には、不変的な文化の本質に合わせて流行を上手に融合させることが大切であると思います。

全国的に今後ますます高齢化率は上昇していきます。３人に１人は、65歳以上となる日がすぐそこまで来ています。そういった中で、地域のアイデンティティーを残しつつ、無理なく街を最適更新するにはどのようなことをすればよいのでしょうか。
この超高齢社会に対応していくにはハードのみでなく、特に人の動きがポイントになると思います。少子高齢化による働き手の不足が懸念されますが、マンパワーの基盤を構築するためにも、今後はさらに「健康増進」を意識しなければならないと考えます。

医療は、人々の社会生活を支えるために地域で必要とされながら、主に罹患した時にだけ限定的に利用されるために、街と希薄な関係にあったと思います。これからの時代、病院は街を構成する重要な機能、つまり診察や治療・検査といった医療的なものだけではなく、多面的・積極的に地域と関わっていく必要性があると思います。例えば、メインエントランス付近にカフェやコンビニなどを設け一般開放している病院、電車などの公共交通機関へのアクセス路として屋内プロムナードをつくり、そこに花屋や本屋など商店街を設けている病院、店舗設置による関わり合いのみならず、病院勤務の管理栄養士が監修しているパン屋や理学療法士のいるフィットネスクラブを院内に設置している病院などがあります。

当病院も新病院開設に向けて、患者さんの入院生活の不安を少しでも取り除くために、利便性や景色だけでなく、住み慣れた地元「横浜」の方々の優しさにあふれた雰囲気を院内へ取り入れるような工夫にも努めています。もちろん病院は医療の質を高めていくことが大切ですが、地域からみた医療で考えますと、このような雰囲気はかけがえのない安心感や勇気を与え、病気の回復や健康維持に大きく貢献するものと確信しています。

その中の一つである「健康レシピ」は、和洋中において横浜の味を守る老舗と患者と真摯《しんし》に向き合う医療者のそれぞれの想いにより生み出されました。これにより食事制限でストレスを感じている人々が、自宅で・街で・病院でよりおいしいものを食べることができるのではないかと思います。このような試みは、既存機能の融合によるこれからのまちづくり（更新）のプロトタイプなのかもしれません。
これからも私たちは医療という立ち位置からより良い街の未来のために、挑戦（メッセージ）を続けていきたいと思います。

横浜市立市民病院 管理部経営企画課　中島　優

ご協力いただいた店舗のご紹介

※営業時間等の詳細は各店舗にお問い合わせください

てんぷら 天吉

●横浜市中区港町2-9
●045-681-2220

リストランテ アッティモ

●横浜市西区みなとみらい1-1-1
パシフィコ横浜展示ホール２階
●045-640-1270

仏蘭西料亭 横濱元町 霧笛楼

●横浜市中区元町2-96
●045-681-2926

ウィンドジャマー

●横浜市中区山下町215
東楽ビル1～2階
●045-661-0462

崎陽軒本店

●横浜市西区高島
2-13-12
崎陽軒本店2階
●045-441-3330

ホテルモントレ横浜 日本料理　隨縁亭

●横浜市中区山下町6-1
ホテルモントレ横浜２階
●045-661-8022

レストラン ストラスヴァリウス

●横浜市中区常盤町
3-27-2
●045-227-7018

うなぎ専門店 元町 濱新

●横浜市中区元町3丁目143
●045-681-1808

日本料理 梅林

●横浜市中区吉田町52
●045-251-7656

ホテルニューグランド

●横浜市中区山下町10
●045-681-1841

横浜ベイホテル東急

●横浜市西区みなとみらい2-3-7
●045-682-2222

横浜ロイヤルパークホテル

●横浜市西区みなとみらい2-2-1-3
●045-221-1111

ローズホテル横浜

●横浜市中区山下町77
●045-681-3311

イオスガーデン

●横浜市都筑区牛久保3-9-3
●045-912-8812

ヨコハマ グランド インターコンチネンタル ホテル

●横浜市西区みなとみらい1-1-1
●045-223-2222

シェ・フルール横濱

●横浜市西区北幸2-12-26 Felice横浜 1Fs3
●045-342-6292

ビストロ酒場 マリーンクラブ

●横浜市中区港町3-14 CERTE ANNEX 2F
●045-662-8240

パティスリーパルファン

●横浜市中区山下町201 秀伸ビル
●045-681-1276

横浜市立市民病院（2020年移転予定）

横浜市立市民病院は、昭和35年に開院し、病床規模の拡大を図りながら50年以上にわたり、市民の皆様への良質な医療の提供に努めてきました。また、この間、昭和58年から平成３年にかけて行った再整備により医療機能の充実を図り、救急医療や小児・周産期医療、感染症医療などの政策的医療を拡充するとともに、主に急性期医療の提供を行ってきました。

しかし、現在の市民病院の建物は、建設から既に30年近くが経過し、施設・設備の劣化が進むとともに、医療の高度化や医療環境の変化に対応するために行ってきた新たな医療機器の導入や度重なる改修などの結果、特に施設の狭あい化が著しく、これ以上の医療機能の拡充だけでなく、現行の医療機器の更新も困難な状況となっています。こうした状況に対応し、市民の皆様に、将来にわたり高度で良質な医療を提供し続けるために、市民病院は、改めて再整備事業に取り組むこととしました。

“安心”と“つながり”の拠点へ

高齢化が進み、医療・介護サービスなどの需要が増大していく中で、患者様それぞれの状態にふさわしい医療を適切に提供していくことが求められています。また、救急医療の充実やがんなどに対する高度で先進的な医療の提供、大規模地震の発生時などにおいても必要な医療が受けられる万全の体制の整備などが求められています。新しい市民病院は、政策的医療のより一層の充実や災害医療、感染症医療の機能強化を図るなど、市民の皆様の“安心”に応えていくとともに、地域連携の推進や地域医療人材の育成、チーム医療の実践など、医療機関や医療に関わる人と人との“つながり”を育んでいきます。

●横浜市保土ケ谷区岡沢町56　●045-331-1961

● https://yokohama-shiminhosp.jp/

［栄養監修］

堀口眞樹

［撮影・制作］

平野千津

［制作協力（市民病院）］

林　健一

佐山　聖

伊藤真子

中島　優

白木健介

小森田秀幸

高橋陽子

小高博之

［裏表紙イラスト］

松下カツミ

［企画・総監修］

平野資晴

からだを思い、味わう　ヨコハマレシピ

2019年2月9日　初版発行

著　者　横浜市立市民病院
〒240-8555　横浜市保土ケ谷区岡沢町56
電話 045-331-1961

発　行　神奈川新聞社
〒231-8445 横浜市中区太田町2-23
電話 045-227-0850（出版メディア部）

ISBN978-4-87645-591-1 C0077